통일을 향한 철학적 기행문

정동진의 꿈

정동진의 꿈

지은이 | 이승률
발행자 | 이승률
발행처 | 디딤터
발행일 | 2015년 3월 30일
등 록 | 제 2012-86호
주 소 | 서울 서초구 양재동 20-7
전 화 | 02-3461-4242
팩 스 | 02-3461-3460
홈페이지 | www.nacsi.or.kr
디자인 | 디자인집(02-521-1474)

ISBN 978-89-969468-2-3
책값 15,000원

통일을 향한 철학적 기행문

정동진의 꿈

이승률 지음

디딤터

추천사

신 해동성국, 정북(正北)진의 꿈

- 통일 원아시아의 꿈

나는 '철(澈)한다'는 뜻을 좋아한다.

일을 할때면 그 일의 처음서부터 끝까지 그리고 과정과 사안의 주변까지 철저히 다루는 것, 그런 마음가짐으로 행동을 하는 사람, 그런 작품을 좋아한다.

초지일관 한 가지 일이건 또는 몇 가지 일이건 자기가 맡은 일에 철하는 것, 그것이야말로 시대를 초월하여 인간사회, 사회공동체의 발전에 기초이다. 그것이 가족사회이건, 부족사회이건, 국가사회이건, 시민사회이건, 인류지구촌 사회이건, 그 구성원들이 맡은바 자기일과 역할에서 철할 때 그 사회가 지속가능하고 평화롭고 좋은 공동체가 된다. 또 그렇게 철한 사람들로 짜인 사회는 당대에는 보상을 못받더라도 다음 세대엔 복을 받기 마련이다.

나는 아무 종교가 없다. 그러나 18세기 말 서양 기독교 전래의 기적서부터 오늘 제3세계 국가 중 엘리트 구성으로 보면 사실상의 기독교 국가가 되고(특히 불교, 이슬람, 유교 등 기존의 정통 종교를 가졌던 나라 중에서는 거의 유일하게) 미국 다음으로 기독교 선교 세계 2위 국가가 된 기적같은 것을 보면 한국 기독교 전래과정에 신앙심 깊게 철한 선조들의 후광이 있음으로해서 가능했던 기적이라 믿게 된다.

나는 이승률 회장에게서 한국 근대화 과정에서 철한 한인(韓人)의 전형을 본다. 기독교 신앙과 남북통일의 꿈에 철한 한 모델의 인물.

신앙과 꿈이 이승률 회장만큼 철하면 반드시 (내가 그 시간을 가늠잡을 수는 없으나) 그 꿈이 이루어지리라고 믿는다. 같은 동지적 신앙인은 물론일 것이고 나같은 비신앙인이라도 그를 위하여 그의 철한 꿈이 이루어지도록 기도하게 만든다.

대개 철한 사람에게 약점도 있다. 독불장군, 독선, 조화의 어려움 같은 것이다. 항일독립운동 과정이나 국내에서 근대화, 산업화, 민주화 투쟁과정에서 큰 업적을 남기신 분 중에서 그 목표와 신념에 철한 대목은 많이 발견할 수 있다. 그러나 독불장군과 독선으로 흘러 한 분야에선 크게 성공자로 자리매김할 수 있으나, 긴 시간과 국가 전체의 맥락에서 객관적으로 평가하면 결코 공이 많고 긍정적 기여만 있다고 판단하기 어려운 분들도 많다.

이승률 회장의 25년에 걸친 연변과기대, 평양과기대 창립과 지원, One Asia 동북아시아 협력 구상, 세계의 새로운 거버넌스 새 질서 창조의 꿈에 철하면서도 주변과 조화롭게 충돌하지 않고 이 꿈을 차근차근 이끌어 가는 모습을 보면 이름 날리는 명사들의 독불장군식 접근보다 훨씬 훌륭하다고 평가하지 않을 수 없다. 자리나 명예보다 신앙과 신해동성국, 정동진의 꿈에 진실로 철하기 때문이라 믿는다. 진실로 철하면 자기 주장, 자기 레토릭을 앞세우기보다 진실로 낮은 자세와 희생을 감수 할 수 있기 때문이라 믿는다.

한없이 낮은 자세에서 한없이 자기를 희생하는 마음씨면 다음과 같은 '정동진의 꿈'의 이야기를 절실하게 할 수 있다. "그 동안 25년에 걸쳐 동북아 지역 여러곳을 돌아다니며 그곳에서 활동하고 있는 인간사회의 진실과 국가적 정의를 객관적으로 탐구하고저 노력해왔던 한 지식인의 양식과 숙고를 통해 얻은 결론은 우리 한민족이야 말로 21세기 통합구도의 세계화 시대를 살아가는 데 가장 유용하고 적합한 민족이라는 사실입니다."

대단히 도발적이고 민족 우월적 표현으로 들릴 수도 있다. 그러나 이 글이 결혼 40주년의 살뜰하고 정겨운 밤에 쓰여 졌다는 것이 놀랍다. 부부의 사랑 이야기보다 새 질서, 새 아시아질서, 새 민족의 꿈, 짐 로저스가 북한학생에게 강의하는 꿈을 꾸는 이 회장의 '정북(正北)진'의 꿈은 가히 꿈 아닌 현실일 수 있음을 이해하게 된다. 휴전선과 만주와 아시아와 태평양을 모두 끌어안고 통일을 지향하는 '정북진'으로의 전진이다.

이 회장의 여행기, 『정동진의 꿈』은 그의 남달리 철한 신앙심과 꿈이 합쳐 만든 21세기 '국사(國士)의 전략'이 담긴 길이다. 부디 이 회장의 꿈에 모두 같이 철하는 세상 보기를 빈다. 서울에서 워싱턴에서 베이징에서 도쿄에서 연변에서 평양에서 벌이는 그의 노력이 이 도시를 모두 꿰뚫고 철하여 이 세상에 평화와 통일의 꿈이 이루어지기를 모두 같이 빌자.

2015. 3. 6. 김진현(金鎭炫)

세계평화포럼 이사장 · 전 과기처 장관 · 전 서울시립대 총장

서문

‘통일천년의 새 역사를 기다리며’

새해가 되면 사람들은 늘 자신의 새로운 꿈과 비전을 마음에 새기기를 원한다. 연초에 정동진에 사람들이 몰리는 이유도 그러하다. 떠오르는 정동진의 일출을 바라보면 확실히 한층 더 실감 나는 각오가 마음에 새겨진다.

지난 2014년의 신년 해맞이는 필자에게도 더할 나위 없이 소중한 사건이었다. 다름 아닌 결혼 40주년을 기념하는 해맞이였기 때문이다. 그런 신년 해맞이를 통해 가진 ‘정동진의 꿈’은 일 년 내내 마음속에 뜨거운 여진으로 남아 있었다. 그 여진의 떨림을 따라 여러가지 꿈과 비전의 나래가 새롭게 펼쳐졌다.

여름 특별 휴가를 다녀오면서 부산 일대의 ‘블루오션 브릿지’에 대한 글을 쓰게 되었다.

개천절 아침에는 강화도 마니산 참성단에 올라 가봐야겠다는 생각이 나서 그 길로 단숨에 달려갔었다.

또한 늦가을 어느 날 우연한 기회로 재회한 중국여성기업인을 따라 상해 옆 남통시에 갔다가 상상치도 못했던 기이한 인연을 만나게 되었다.

연말에는 '뉴라시아 자전거 원정대'를 이끈 김창호 대장을 초청하여 통일간담회 및 송년모임을 개최한 것이 연초에 가진 '정동진의 꿈'을 대단원의 막으로 마음에 되새기는 통일로 가는 '도전의 길'이 되었다.

이 책은 바로 이와 같은 '정동진의 꿈'의 여진으로 쓰여진 글들을 한데 묶어 놓은 것이다.

사실 애초부터 책을 만들겠다는 생각으로 글을 쓴 게 아니다. 쓰다 보니, 그것도 이런저런 이야깃거리를 엮어 쓰다 보니 장문의 기행문이 되고 말았는데, 이 긴 문장의 기행문을 묶어 한 권의 책을 만들게 된 것이다.

흔히 말하거니와, 책은 겉으로 보면 종이묶음에 불과하다. 그러나 그 책 속에는 꿈과 비전이 살아있고 작가의 남다른 각오가 새겨져 있으며, 또한 끊임없는 탐구의 길로 나아가게 하는 강인한 기개와 선한 욕구가 넘쳐흘러서 읽는 독자들로 하여금 감동과 깨우침의 별미를 맛보게 하는 매력이 숨어 있다. 이 책이 그런 매력으로 독자들을 만날 수 있다면 더 이상 바랄 게 없다.

더 이상 바랄 수 없는 '통일을 향한 철학적 기행문'으로서의 국민 희망과 국가 전략적 사고가 행간 곳곳에 뿌리 깊은 나무처럼 살아있기를 소망해본다.

필자가 소원하는 뿌리 깊은 나무의 이념은 곧 '사랑의 계명'이다. '서로 사랑하라'고 가르친 예수님의 새 계명이 뿌리 깊은 나무의 그루터기처럼 남북한 겨레의 공통된 시민의식과 민족정신의 기초가 되기를 희망한다.

혼자 꾸는 꿈은 개꿈으로 끝나지만 여럿이 함께 꾸는 꿈은 현실이 된다고 한다. 광복 70주년을 맞는 2015년의 벽두에 서서 하늘을 우러러보니, 저 하늘에 새날의 빛이 밝게 움터 옴을 느낀다.

일어나 빛을 발하는 새날의 희망이 우리 한반도 방방곡곡에 새봄의 죽순처럼 일어나기를 소원한다.

'정동진의 꿈'이 '신해동성국의 비전'으로 승화하는 '전환의 역사'야말로 통일시대로 나아가는 우리 한민족의 진정한 미래상이 되지 않겠는가? 이 꿈과 비전을 책에 담아 정리하는 일에 동참해 준 분들이 여럿 있다. 그동안 '정동진의 꿈'이 책으로 나오기까지 정성을 다해 뜻을 함께 나누어준 분들이다. 우선 추천사를 써주신 김진현 이사장님께 다시 한 번 존경과 감사의 말씀을 드리며, 편집을 맡아준 디자인집과 교정 및 윤문을 도와준 김정선 작가와 본 연구재단의 이동탁 처장, 윤택한 팀장, 남호정 사원 그리고 책이 나오기까지 물심양면으로 재정과 격려의 후원을 아끼지 않았던 아내 박재숙 사장과 아들 이동엽 원장(참포도나무병원)에게도 깊은 사랑과 감사의 마음을 전한다.

오! 사랑의 하나님! 광복 70주년을 맞아 이 '정동진의 꿈'을 통하여 분단 70년의 벽을 넘어 '통일천년의 새역사'를 시작하는 거룩한 회복의 출구가 활짝 열리게 되기를 간절히 바랄 때, 이 모든 꿈과 비전을 하나님의 손에 의탁합니다.

2015. 3. 1.

삼일절 동트는 새벽 마당에서

이승률

목 차

005 추천사

009 서문

016 1. 정동진의 꿈 - 신 해동성국을 꿈꾸다

정동진으로 가는 길 | 각성과 결단의 해(2014년)를 맞으며 | 국가전략으로서의 동북아경제공동체 | 구름층 일출과 만남의 축복 | 정동진의 꿈-신 해동성국을 꿈꾸다

054 2. 특별한 휴가 - 블루오션 브릿지 이야기

여행코스 선택 | UN기념공원 답사 | 해운대와 오륙도를 돌아보며 | 부산시 충혼탑공사에 대한 추억 | 블루오션 브릿지와 거부경제권 | 비가 와서 속타는 조선족 가족들 | 일제가 파 놓은 충무해저터널 | 세상에서 가장 아름다운 섬, 외도 | 거제포로수용소 유적공원 | 반공포로석방 사건의 의의 | 미완의 소설, 돌아오지 않는 다리 | 명량대첩으로 이어지는 1박2일의 특별한 휴가

100 3. 마니산 참성단에 올라 하늘을 우러러 보다

개천절 아침의 결단 | 『환단고기』에 얽힌 집안 내력 | 정상에 뿌리 내린 소사나무의 기상 | 참성단에서의 기도 | 개천절 다음 날의 긴급 뉴스

130 4. 남통순회의 교훈 - 저 푸른 창강의 물결을 따라

새로운 만남 | 장강 크루즈 여행의 추억 | 남통에서 만난 사람들의 첫인상 | 중국 현대화의 3대 유업과 장 지안 | 잃어버린 꿈, 조선의 굴원을 아시는가

186 5. 도전의 길 - 통일이 미래다

김창호 대장과의 만남 | 원 코리아 뉴라시아 자전거 평화 대장정 | 통일 고지에 이르는 성찰 | 평양과기대의 산학협력 현황 | 사랑으로-하늘 포도원에서의 합창

224 부록

연변과학기술대학(YUST) | 평양과학기술대학(PUST) | 동북아공동체 연구재단(NACSI)

정동진으로 가는 길 | 각성과 결단의 해(2014년)를 맞으며 | 국가전략으로서의 동북아 경제공동체 | 구름층 일출과 만남의 축복 | 정동진의 꿈-신 해동성국을 꿈꾸다

1장

정동진의 꿈

신 해동성국을 꿈꾸다

1. 정동진의 꿈

신 해동성국을 꿈꾸다

정동진으로 가는 길

새해 첫 번째 주일인 1월 5일은 우리 내외가 결혼한 지 40주년을 맞는 날이다. 기독교에서는 40이란 숫자를 매우 의미 깊게 생각한다.

구약의 출애굽기에 보면 이집트에서 노예생활을 하던 이스라엘 민족이 모세를 지도자로 세워 집단 탈출(Exodus)을 감행한 후 광야에서 40년간 배회하며 고난을 겪었던 기록이 나온다. 그 광야생활 40년을 통하여 과거로부터의 모든 잘못된 습관과 노예적 사고방식을 극복하고 오직 유일신인 여호와 하나님을 의지하며 새로운 각성과 결단으로 신세계(가나안 땅)로 나아가는 여정을 그려놓았다.

신약에서는 예수 그리스도께서 공생애를 시작할 때 40일간 광야에서 사탄으로부터 시험을 받는 기록이 나온다. 이와같이 기독교 차원에서 40이란 숫자는 매우 의미심장하고 마음에 새겨 깊이 묵상

하슬라 뮤지엄 호텔 전경

해 볼 만한 가치가 있는 수이다.

이런 연고로 크리스천인 필자는 40주년을 맞이하는 결혼기념일을 뜻있게 보내고 싶은 의욕이 일어났다. 그래서 연초에 바쁜 일들이 많지만 2박 3일 정도 여행을 다녀오기로 작정하고 장소를 물색해 봤다.

처음에는 제주도 서귀포를 생각했는데, 여기는 수시로 가는 곳이라 새삼스레 또 갈 필요가 있겠나 하는 집사람의 의견이 있었다. 그 대신 아내는 해남 보길도 쪽으로 가보고 싶다는 제의를 해 왔다. 그러나 해남은 승용차를 갖고 가기에 너무 먼 곳이라 좀 꺼려졌다. 단체로 가기는 좋은 곳이지만, 나 혼자 운전해서 가기에는 부담이 되는 곳이었다.

그래서 최종적으로 결론을 내린 곳이 바로 강원도 동해안 정동진이다. 새해 첫날이면 많은 사람이 몰려가서 해맞이하는 명소다. 지명이 정동진이 된 것은 서울 광화문 부근에 있는 표지석을 기준으로 할 때 해가 뜨는 정동 쪽이라 하여 이렇게 이름 붙여진 곳이다.

1월 3일(금) 오전 11시경 우리 내외는 큰아들과 막내딸이 보내준 지원금으로 대망의 결혼 40주년 기념 신년 해맞이행사를 위해 길을 떠났다.

하슬라 아트월드 '피노키오 미술관' 지하공간 입구

숙소는 집사람이 오래전에 연간 회원제로 등록해 놓은 '하슬라 뮤지엄 호텔'로 정했다. 인근에 다른 좋은 숙소들도 있지만 구태여 이곳을 정한 것은, 동해안 바닷가 산비탈 위에 철골구조로 지은 독특한 디자인의 건축물이기 때문이기도 하지만 그보다도 이 지역 출신 부부조각가가 공들여 세운, 미술관을 겸한 호텔로 유명하기 때문이다.

영동고속도로를 지나 오후 3시경 호텔에 도착한 우리는 일출이 잘 보인다는 이그젝티브 룸으로 가서 여장을 풀었다. 창이 넓고 층고가 높아서 동해가 한눈에 시원하게 내려다보이는 전망 좋은 방이다.

방안에는 함지박같이 생긴 침대가 극적인 안락감을 느끼게 했고 거실 한켠에 있는 3m×1.5m 크기의 욕조가 마치 온천장에 온 듯한 감흥을 불러일으켰으며, 방안 군데군데 스페인 작가 가우디가 즐겨 썼던 모자이크 패턴의 장식물이 여러 개 배치되어 있어서 마치 예술가의 방에 들어와 있는 기분이었다. 그리고 무엇보다 특이한 점은 이 호텔 객실에는 어디에도 거울이 없다는 것이다.

호텔의 경영 수칙이라기보다는 호텔 주인의 철학이 담긴 메시지 같아서 매우 신선하게 느껴졌다. 아마도 이 호텔에 묵고 있는 동안에는 자신의 얼굴만 바라보아 왔던 일상의 자기중심적 사고에서 벗어나 상대방을 존중하고 상대방과의 대화에 몰입하라는 뜻인 것 같다. 그와 동시에 자신의 내면을 살피면서 자아 반성과 성찰을 가져보라는 조언으로 이해되어 좀 불편한 일이지만 그렇게 따르기로 했다.

여장을 풀고 난 다음 우리는 먼저 이 호텔의 1층과 산 아래쪽으로 연결된 지하층 공간에 설치되어 있는 '피노키오 미술관'을 둘러보았다. 수백 점의 크고 작은 구상 및 비구상 계열의 조각품과 그림들, 피노키오를 주제로 한 다양한 형태의 장식물과 기발한 조명장치를 곁들인 전시장은 콘크리트 원형으로 마감한 건축구조물의 입체감과 어울려 너무나 유니크한 독창력을 연출하고 있었다.

> "새로운 만큼 위험은 있다. 그러나 적어도 나는 나의 이러한 작업이 새로운 세계에서 한 가능성으로 평가받길 원한다."

강릉의 옛 지명('하슬라')을 따라 이름 붙인 '하슬라 아트월드'의 대표 최옥영 작가(강릉대 교수)께서 '피노키오 미술관' 입구에 걸어놓은 족자에 남긴 글이다. 예사롭지 않은 작가라는 느낌을 받으며 이

신사임당, 이율곡 조각과 주형(mold)

'피노키오 미술관' 경내 전시작품

선 크루즈 리조트 내 조각 공원

호텔을 떠나기 전에 꼭 한번 만나보고 가야겠다는 충동을 일으키게 했다.

여름 한창 시즌에는 1일 관람객이 천 명을 넘을 때가 있다고 하는 이 '피노키오 미술관'을 둘러보고 느낀 소감을 한 마디로 말해 보라면, '작가로서의 자부심과 철저한 창조정신과 미적 감성이 융복합적으로 조합되어 있는 한 덩어리의 생활문화 작품세계다' 라고 말하고 싶다.

"이 호텔에 있는 모든 것이 다 작품이니 마음껏 즐기다 가세요"라고 안내하던 카운터의 지배인 말이 다시 한 번 실감 나는 아트 뮤지엄 호텔이다. 참 잘 왔다는 생각이 들었고 왠지 이 호텔을 통하여 많은 것을 배우고 갈 수 있겠다는 생각이 절로 났다.

이제 얼마 안 있으면 해가 지고 해가 진 후에는 사방이 금방 깜

깜해진다는 지배인의 안내를 받았기에 우리들은 서둘러 호텔 밑 해변가에 있는 식당으로 가서 저녁을 먹었다. 그런 다음 여기서 차량으로 3~4분밖에 걸리지 않는 정동진항 부근에 있는 '선 크루즈 리조트'로 가서 차도 마시고 휴양시설들도 둘러보았다.

올여름에 휴가를 가게 되면 큰아들(이동엽 참포도나무 병원장)과 막내딸(이현주 SK건설 플랜트사업부)의 가족을 모두 이곳으로 데리고 와서 하루는 먼저 '하슬라 뮤지엄 호텔'에서 예술가족처럼 폼나게 쉬고, 그다음 하루는 '선 크루즈 리조트'와 정동진항 관광마을에서 대중적으로 자유롭게 놀다 가면 금상첨화이겠다는 얘기를 주고받으면서 우리들끼리 행복한 첫날밤의 야행을 즐기기 시작했다.

그리고 다음 날 아침 7시 40분이면 드디어 2014년의 첫 해돋이를 보게 될 것이라는 달콤한 기대를 하면서 잠자리에 들었다.

각성과 결단의 해(2014년)를 맞으며

그런데 이게 웬일인가. 일이 심상치 않게 돌아갔다.

일출 시간을 놓치지 않으려고 새벽에 일찍 일어나 샤워도 하고 몸을 정갈히 하여 나름대로 진중한 몸가짐으로 동해를 바라보고 있는데 시간이 한참을 지나도 도무지 해가 떠오르지를 않는다. 해가 떠오르기는커녕 불그스름한 여명의 흔적조차 보이지 않는다.

그제야 놀란 심정으로 눈을 들어 하늘을 바라보니 두꺼운 구름층이 하늘을 장막처럼 뒤덮고 있는 게 아닌가. 그 아래 바다에는 거센 바람에 밀려온 파도가 하얀 포말을 일으키며 해안선 암반을 덮치고 있었으며 얼마 있지 않아 비가 흩뿌리기 시작했다. 결코 낭만적이지 못한 불순한 정황이 날이 밝아지면서 점차 횡포를 드러내는 듯했다.

일출을 보지 못해 우울한 기분으로 1층 레스토랑에 가서 늦은 아침 식사를 하는 중에 조간을 읽었다. 박근혜 대통령이 입법, 사법, 행정부 고관 230여 명과 회동한 자리에서 신년인사회를 통해 '올해 한반도 평화를 구축해 통일시대를 열겠다'는 희망을 피력했다는 기사가 1면 톱으로 나와 있었다. 백번 지당한 말씀이지만 이를 성취하기 위해서는 특단의 신념과 대안 능력이 필요할 것이라는 생각이 일순간 밀물처럼 밀려들었다.

그리고 별도 속지에는 한·중·일 3국 간에 심각한 대결구도 양상을 보이고 있는 국수적 민족주의 행태가 도를 지나치고 있다는 프랜시스 후쿠야마 교수의 특별 인터뷰 기사가 실려 있어서 드디어 이 문제가 세계적인 이슈로 등장하고 있구나 하는 느낌을 받았다.

날씨가 이 모양이니 마땅히 할 만한 일도 없고 해서 객실로 돌아와 무엇을 어떻게 하면 좋을까 궁리하다가 나는 집사람에게 양해를 구한 다음 우선 글 쓰기를 시작해 보기로 했다. 특별히 어떤 의도를 갖고 있는 건 아니지만 오늘따라 왠지 새로운 각성이나 결단이 없으면 큰일 날 것 같은 심정이 들어 무턱대고 글을 써 보기로 했다.

제목을 어떻게 달까 하다가 '정동진의 꿈'이라는 가제를 붙였다.

내가 왜 여기 오게 되었는지를 설명한 다음, 솟아오르는 신년 일출의 해를 바라보며 내가 무슨 꿈을 마음에 새기려고 하는가에 대해 골똘히 자문하며 궁리하다 보니 벌써 오후 3시가 다 되어 가고 있었다. 바깥 날씨는 더 험악해져 이젠 눈비가 섞인 진눈깨비를 흩날렸고 날은 흐려 하늘과 바다가 잘 보이지 않을 지경이다.

집사람이 불평하며 여기까지 와서 글만 쓰고 있다고 핀잔을 주기에 강릉으로 나가서 대게찜을 먹고 오기로 했다. 가는 길에 호텔 부근에 있는 '강릉통일공원'을 잠시 들렀다. 그곳에는 1996년 9월 무장간첩 26명을 태우고 침투했던 북한 잠수함과 2009년 북한 주민이 탈출할 때 타고 왔던 목선을 전시하고 있었으며, 별도로 해군 함정 전시관도 있어서 실내로 들어가 자세히 관람했다. 강릉 가는 길에 잠

강릉통일공원 내 함정전시관 앞에서

시 들렀지만 북한 대남공작의 실태에 대해 다시 한번 기억하고 실감하는 좋은 기회가 되었다.

재래시장인 강릉 중앙시장에서 저녁 식사를 하는 동안 어물전 할머니와 재미있는 얘기도 나누고 오랜만에 대게를 배가 부르도록 먹으니 한결 살맛이 났다. 우리끼리만 먹고 갈 수 없어서 서울에 있는 아들 집과 딸 집 그리고 어머니께 보낼 대게를 생물로 얼음 통에 포장해 달라고 주문했다. 사람이 산다는 재미가 별거 있겠는가. 가족끼리 화목하게 지내고 모르는 사람들과도 서슴없이 어울려 정을 나눌 수 있는 사회라면 일단 좋은 사회가 아니겠는가.

그런데 문제는 호텔로 돌아갈 때였다. 눈이 엄청나게 쏟아지고 있었다. 시속 20㎞ 정도로 조심해서 돌아왔지만 주행 시간이 너무 많이 걸렸고 더군다나 호텔 경내로 올라가는 가파른 고갯길에서는

호텔 뒷산 조각공원, 여명을 배경으로 기념촬영

차가 공전하며 미끄러지는 바람에 매우 위험한 지경이 되었다.

30분 이상 씨름한 끝에 겨우 호텔 주차장까지 올라 갈 수 있게 되었는데, 곧바로 방에 들어와 옷을 벗어보니 땀이 흠뻑 젖어 있었다. 사실 조금 전에 차바퀴가 헛돌아 눈길에 미끄러지며 길가 한쪽에 처박히려 했을 때 속으로 얼마나 겁이 났는지 모른다. 마누라 앞에서는 태연한 척 했지만 속으로는 간절한 마음으로 하나님께 도와달라고 기도했었다.

그날 밤에 나는 쉽게 잠을 이루지 못한 채 이런저런 생각으로 번민의 시간을 보냈다. 나 개인에 관한 문제가 아니라 우리 국가와 한반도를 둘러싼 동북아 정세의 불확실성에 대한 불안때문이었다. 한마디로 말해 120년 전 갑오년에 있었던 불행 사태(동학혁명, 청일전쟁, 실패한 갑오경장 등)가 오늘에 이르러 다시 재현되는 게 아닌가 하는 의구심과 염려로 인해 잠을 이룰 수가 없었다.

당시 국내 정치는 개화파와 수구파 간의 파당 정치에 매몰돼 있었고, 국제적으로는 일본과 중국 간의 각축이 전쟁을 불사할 만큼 치열했었다. 그런데 오늘날 국내외적으로 전개되고 있는 정황이 그때 상황과 별반 다르지 않다는 데 문제의 심각성이 있다. 지도력 부재와 막무가내식 정쟁으로 상대방 헐뜯기만 일삼고 있는 국내 정치 때문에 나라가 망하겠다는 말이 나올 정도다.

거기에다 장성택 처형 사건 이후 대두하고 있는 북한 체제 조기 붕괴설이 결코 한국에 유리한 대안은 아니며, 오히려 급변 사태가 일어날 경우 한반도를 둘러싼 국제정세가 더 불안하고 복잡한 힘겨루기로 나아갈 전망이다. 그렇지 않아도 최근 1~2년 사이에 남북한과 미·중·일·러 각국의 지도자들이 대부분 바뀌는 등 정책 면에서도 새로운 변화를 보이는 큰 분기점이 되고 있는 때가 아닌가.

이런 불확실성이 가중되고 있는 시기에 갑오년을 맞은 올해 신년 벽두부터 중국과 한국은 협공 형태로 아베 신조 총리의 야스쿠니 신사 참배를 공박하고 있으며, 또한 일본은 이에 질세라 미국을 등에 업고 극단적인 우경화 정책(적극적 평화주의)을 펴면서 중국과 한국을 대적하는 자세로 외교안보와 군사정치 면에서 그 어느 때보다 가파른 대결구도의 국면을 보이고 있다.

여기에 더하여 첨예하게 영유권 분쟁을 일으켜 온 센카쿠 및 독도 문제가 언제 터질지 모르는 화약고로 남아 있고, 또한 위안부 문제와 교과서 왜곡을 포함한 과거사 문제 등도 여전히 언제라도 전국 규모의 대중 시위로 비화할 가능성이 잠복하여 있는 꼴이다.

이런 판국에 설상가상 격으로 미국은 중국을 견제하기 위한 아시아 회귀전략(Pivot to Asia)으로 일본과 한국 및 동남아 국가들을 끌어들여 자국의 국가 이익을 보호하기 위한 안전망을 치는 데 주력하고 있다.

중국 또한 세계도처에 뻗친 막강한 재정 지원 능력과 영향력을 활용하여 자국의 핵심 이익 챙기기에 열을 올리는 가운데 미국과 대등한 신형대국관계를 추구하면서 북한을 볼모로 삼아 우리 한국을 배후에서 압박하고 있는 모양새를 갖추고 있다.

결국 강대국들 사이에 끼어 있는 우리 한국만이 늘 골탕 먹는 신세여야 하는가?

마치 오늘 밤늦게 호텔로 올라가는 가파른 눈길에서 차가 미끄러져 길 바깥쪽으로 처박힐 뻔했으며 더구나 그 위험도가 지나쳐 하마터면 낭떠러지로 굴러 떨어질 수도 있었던 상황이 우리 남북한과 한반도를 둘러싼 동북아 정세와 같지 않은가. 생각하면 할수록 예측할 수 없는 위기일발의 사태가 다가오고 있는 듯한 불안감이 엄습했다.

이런저런 생각을 하는 중에 오늘 아침에 읽은 조간신문이 다시 기억났다. 후쿠야마 교수가 지적했듯이 한·중·일 3국 간에 벌이고 있는 국수적 민족주의의 폐해와 그 후유증은 이제 우리들만의 문제가 아니라 세계적인 골칫거리가 되어 버렸다. 이에 더하여 북한이 드러내고 있는 예측 불허의 도발성과 핵문제는 직접 피해 당사국인 우리 국민들뿐 아니라 세계 각국 사람들에게도 최악의 불신과 모멸감을 주고 있다. 자신들도 어디로 가는지 앞길을 예측하지 못하며 오리무중 가운데 휘두르고 있는 3대 세습의 유훈통치라는 희대의 독재권력 행보를 생각하면 그저 기가 찰 노릇이다.

그런데 새해 들어 시무식을 통해 박근혜 대통령께서는 드디어 '한반도 평화를 구축해 통일시대를 열겠다'는 소신 발언을 했는데, 이 말씀의 진의가 어떻게 구현될지는 여전히 미지수다. 평소 언행이 신중하신 분이라 신년 벽두에 밝힌 이 발언은 이제 세계인들이 지켜보는 가운데 국내 정치와 남북한 양자 간에 걸쳐 공히 실현해야 할 화두로 등장한 셈이다. 그렇다면 우리 대통령께서는 무슨 대책과 묘안이 있으신가. 그 어떤 전략과 대안의 능력을 갖추는 것이 이 시대의 난제를 풀어가는 최고의 솔루션인가.

참으로 험난한 도전과 변화가 예상되는 2014년을 우리는 어떻게 이겨낼 수 있을 것인가. 우리의 특별한 각성과 결단의 노력이 요구되는 이 시점에 하늘은 도대체 우리에게 무엇을 점지하고 또 가르쳐 줄 것인가. 과연 우리는 무엇으로 이 분단된 한반도에서 통합의 선(善)을 이룰 것인가.

국가전략으로서의 동북아경제공동체

최근에 '새로운 세계 질서'라는 말이 유행하고 있다. 영어 표기로는 흔히 'New Normal'이라고 하는데, 20세기 후반 이후 미국 중심의 일극체제에서 중국의 부상과 함께 나타난 동아시아 쪽으로의 '힘의 대이동'에 따른 다극체제 혹은 G2시대의 새로운 국제관계의 변화를 통칭하는 용어로 쓰이고 있다.

이런 시대사적 흐름의 변곡점을 이루고 있는 여러 지점 가운데 특히 우리 한반도가 국제 사회에서 '가장 위험하고도 중요한 핵심 지역'으로 지적되고 있는 점은, 단적으로 말해 미국과 중국의 핵심 이익이 상충하고 중국과 일본의 이해관계가 각축하는 패권 분쟁 지역의 한복판에 있기 때문이며, 또한 자체적으로는 세계 10대 무역국가로 발전한 G20 국가의 일원이면서도 머리에 숯불을 이고 있는 듯 언제 도발해 올지도 모르는 북한 군부의 포악성과 핵문제를 동시에 떠안고 있는 분단국이기 때문이다.

이런 점에서 필자는 '한반도 통일과 동아시아 평화협력 문제를 어떻게 상호연결 또는 상호작용 시켜나갈 것인가' 하는 문제를 놓고는 골몰해 왔던 게 사실이다. 왜냐하면 우리 남북한 통일 문제를 풀어 가는 데 있어서 가장 중시해야 할 관점은 남북 당사자끼리만 합의한다고 되는 것이 아니라 공동운명체처럼 얽혀 있는 주변 4대 강국과의 관계 속에서 그들이 직·간접적으로 작용하는 가운데 '공통된 합의'를 통해 정립해야 할 사안이라고 판단하기 때문이다.

그런 가운데 지난해 12월 중순 모나코에서 '글로벌 거버넌스'란 주제로 열린 세계정책콘퍼런스(WPC)를 특별히 주목하게 되었다. 그 대회에 참석한 국제 석학들은 이구동성으로 "초강대국이 자신의 힘을 제대로 쓸 수 없고 또 힘을 사용하려는 의지도 없는 현재 같은 상황에서는 새로운 글로벌 거버넌스 체제가 필요하다"라는 논지를 펴면서 새로운 국제 상황에 능동적으로 대응할 새로운 협력기구를 창설해야 한다는 주장을 잇달아 내놓았었다.

이번 콘퍼런스를 주관한 티에리 드 몽브리알 프랑스 국제관계연구소 소장은 "국가 간 상호의존성이 높아지면서 협력 가능성도 높아졌지만 갈등의 위험성도 커졌다"고 주장하면서 한국과 같은 중견국(Middle Power)들이 더 적극적으로 국제사회의 이익을 위해 노력할 필요가 있다고 강조했다.

원래 거버넌스(Governance)란 기업이나 조직, 국가 등이 각 부문에서 제대로 운영될 수 있도록 하는 관리체계를 뜻한다. 즉 '글로벌 거버넌스'란 전 세계 차원의 거버넌스를 말한다. 다만 '글로벌 거버넌스'의 형태로 현재까지 국제사회에서 합의된 것은 없다. 국가 간 이해관계가 첨예하게 갈리는 탓이다.

이 회의에서 헤르만 반 롬퓌위 유럽연합(EU) 정상회의 상임의장은 "오늘날 세계는 군사력보다 경제력이 더 중요하다"고 말했으며 '세계 경제와 글로벌 거버넌스' 세션 연사로 나선 데이비드 드 로스차일드 로스차일드그룹 회장은 "국가적 차원을 넘어선 통합이 필요하다"고 역설했다. 그리고 같은 세션의 패널리스트로 참석한 사공일 세계경제연구원 이사장은 "G7만의 능력으로 글로벌 이슈를 해결할 수 있는 시대는 이제 끝났다"고 지적한 후 "한국이 포함되어 있는 G20 같은 공동 리더십 체제를 되살려야 한다"고 강조했다.

'글로벌 거버넌스'를 주제로 열린 이번 세계정책콘퍼런스에서 가장 많이 논의된 주제는 '아시아'였다고 한다. 금융위기 이후 세계 경제의 성장을 이끌어 온 아시아 신흥경제의 위축, 영토분쟁과 방공식별구역을 놓고 커진 국가 간 갈등까지 아시아의 현안에 대한 열띤 토론이 이어졌으며 아시아의 빠른 성장 이면에 가려졌던 사회적 문제에 대한 새로운 각성과 결단이 아시아의 미래를 판가름할 갈림길이 될 것이라는 주장이 있었다.

특히 아시아 국가 간 협의를 이끌어 '원아시아'를 앞당길 협의체의 구성이 시급하다는 의견도 나왔다. 세션 패널리스트로 참가한 류진 풍산그룹 회장은 "유럽연합이 있는 유럽과 달리 아시아는 내부의 문제를 합의를 통해 해결할 컨트롤타워가 없다"고 지적하면서 '원아시아'를 이끌 국제기구 설립을 강력히 주장했다. 류 회장은 중국이 경제성장과 함께 아시아의 중재자로 나설 수 있지만 현재까지의 모습은 자국 이익을 지키는 데 더 집중하는 것 같다고 비판하면서 주변국과 갈등이 생겼다고 주변국을 바꿀 수는 없기 때문에 "유럽연합 같은 국제기구나 중재국이 필요하다"고 역설했다.

필자는 지난 연말에 있었던 이 세계정책콘퍼런스의 주안점을 꼼꼼히 메모해 두었다가 언제쯤이면 이 문제를 공식적으로 다루어 볼까 고심했었는데, 마침 그 기회를 잡은 듯한 느낌이 들었다.

다시 말해 격랑이 일고 있는 이 동아시아 지역에서 '새로운 세계 질서'를 구축하는 한 방안으로 '글로벌 거버넌스'를 기획할 필요가 있으며, 그것은 곧 한반도 통일과 동아시아 평화협력을 합목적적으로 상호연결하고 상호작용시키는 '동북아경제협력체' 구상이 바로 키 플랜(Key Plan)이 되리라는 확신이다.

하루종일 먹장구름과 진눈깨비에 갇혀 있다가 저녁때는 폭설이 내리는 가파른 언덕길에서 위험한 지경까지 이르렀던 하루를 돌아보며 밤새도록 생각하고 또 생각하며 내린 결론은, 한·중·일 3국의 화해와 결속을 통한 '동북아경제공동체' 결성에 북한을 참여시키고 나아가 러시아와 몽골과 미국까지 복합적으로 연결하는 초국경 경제개발협력기구가 그 답이다.

박근혜 대통령께서 올해를 '통일시대로 가는 원년'으로 선포했고 또 그래야만 우리 한반도와 동북아 지역에 새로운 도약의 발판이 구축될 터인데, 그렇다고 해서(위에서도 언급했지만) 미국이라는 초강대국이 자신의 힘을 제대로 쓸 수 없고 또 힘을 사용하려는 의지도 없는 상황에서 끝까지 우리의 파트너가 되어 한반도 통일 과업에 동조해 줄 수 있겠는가가 큰 문제이다.

다시 말해 우리의 맹방이지만 미국 자신의 국내 여론과 안전망까지 양보하면서 우리를 도와줄 수 있을 것인가 하는 점이다. 답답한 심경으로 중국을 돌아본다고 해서 중국이 또한 대안이 되겠는가.

최근에 들어와 우호적인 제스처를 많이 써 주고 있고 또 우리 한반도에 접속되어 있는 가장 가까운 주변국으로서 경제적인 신세도 많이 지고 있지만, 그렇다고 자국의 핵심 이익을 지키는 데 급급한 중국이 북한 급변 사태라는 돌발 사태가 일어날 경우 과연 얼마나 우리들에게 우호적인 태도를 보여줄 것인가 하는 점은 여전히 숙제로 남는다. 오히려 동북공정의 영역을 확대하여 고려시대 경계인 청천강 일대까지 잠식하거나 점유하려는 야심을 품지는 않겠는가.

그렇다고 해서 과거사에 대한 반성은커녕 파렴치한 언행으로 군국주의 망령이 들어 날뛰고 있는 일본에 우리가 먼저 한반도의 미래를 협의하는 손을 내밀 수는 없지 않은가. 하물며 일개 러시아 공사의 말에 현혹되어 아관파천으로 나라의 위기를 자초했던 대원군의 전철을 밟을 수는 더더구나 없어야 한다.

그렇다면 과연 우리의 나아갈 길은 어디인가. 첩첩산중처럼 막혀 있는 이 협곡의 덫에서 우리는 무엇으로 미래 역사의 새길을 열고 운명의 진로를 타개해 나갈 것인가. 이럴 때 하나의 희망의 끈처럼 눈앞에 나타난 해결책이 바로 '새로운 세계 질서(New Normal)의 흐름에 입각한 글로벌 거버넌스' 구축 방안이다.

다시 말해 '동북아경제공동체' 대안이 성숙되면 한·중·일 및 러시아, 몽골 등이 군사력이 아닌 경제력으로 하나의 '원아시아'적인 평화협력체를 형성하게 될 것이며, 이 협력체에 속한 회원국들이 초국경 경제개발협력을 동역하는 과정에 상호 의존성과 신뢰도를 높여 감으로써 자연스럽게 과거로부터의 상흔과 갈등을 치유하고 조정하는 기회를 많이 얻게 될 것은 분명하다.

이를 위한 실행 방안으로 구체적인 예를 들어 보면, 한·중·일 FTA 협정이라던가 동북아광역교통망(한일·한중해저터널 포함) 및 에너지공급망 건설, 두만강유역개발사업(GTI), 동북아개발은행(NEADB) 설립, 연해주농업개발특구 조성, 캠퍼스 아시아 확장 등의 기능적인 협력방안을 우선하여 채택할 수 있을 것이며, 이러한 인프라 기초 위에 교육, 문화, 관광, 기술 이전, 인력 교류, 물류 유통, 투자 협력 등이 확대 발전될 것이다. 또한 국제협력기구 결성을 위한 법제도 정비 및 다자간 안보협력체제가 뒤따르게 되면 이것이 경제공동체를 형성하는 굳건한 골격이 될 수 있다고 본다.

이런 과정에 지정학적으로 동북아의 한복판에 있는 북한도 동아시아 국제사회의 정상적인 일원으로 적극 참여시켜 초국경 지역경제개발사업에 '함께' 접속하고 동역케 함으로써 국토 개발의 기회를 통해 국가경제자립도를 높이고 사회 전반적인 안전망을 개선, 보완, 발전시키는 방향으로 성과를 내도록 지원하는 것이 문제를 해결하는 가장 기본적인 창조경제형 대안이 되리라 본다.

그런 가운데 그들과 허심탄회하게 만나 인간의 존엄성과 민족의 영구평화적 생존권을 위해 머리를 맞대고 핵문제와 대량살상무기 폐기에 대한 논의를 펼쳐 가면 그들 안에서도 역사 변천의 새로운 각성과 결단을 시도하는 무리가 일어나지 않겠는가.

내가 기억하기로 과거 통독 15주년 기념으로 가진 주한 독일대사의 인터뷰에서 미하엘 가이어(Michael Geier) 대사가 "한반도가 독일 통일에서 얻어야 할 교훈으로 북한 주민들의 내부 역량 강화가 가장 중요한 과제다"라고 강조했던 대목을 상기한다. 이런 내부 역량 강화를 이끌만한 지도급 인물들과 함께 긴밀히 대화하며 그들의 '자존심'을 존중하고 그들에게 새로운 사회 건설에 대한 희망과 '자신감'을 고취해가는 방법으로 남북 '관계구조'를 개선해 나간다면 틀림없이 남북한의 미래뿐만 아니라 동북아경제공동체 건설을 위한 새로운 거대 전략(New Grand Strategy)의 기틀을 짤 수 있다고 믿는다.

이런 과정이 북한 주민 사회의 여러 분야에 걸쳐 융복합적으로 전개되어 간다면 마침내 분단 상태인 남북 양자 간의 경제적, 문화적, 심리적 차이를 극복하고 상호 신뢰의 기초 위에서 사회 각 부문 간 통합과 민족 동질성을 회복하는 일이 가능하게 될 것이며, 이렇게 가는 길이 결국 남북한을 가장 평화적이고 생산적인 '미래공동체'로 이끌어 가는 길이 될 것임에 틀림없다.

결론적으로 이러한 '개발 협력'의 대안이 가장 저렴한 통일비용으로 가장 극대화된 부가가치적 결실을 창출하는 새로운 패러다임의 통일 방안이 될 것을 확신한다. 다시 말해 '동북아'라는 큰 틀 안에서 남북 상호 간에 진정으로 소통하는 신뢰와 통합과 회복의 노력이 결과적으로 한반도 통일의 대업을 이루는 첩경이 되어줄 것이다.

이것이 필자가 믿고 꿈꾸는 통일외교정책의 골간이며 궁극적인 전략이다. 다시 말해 '국가전략으로서의 동북아경제공동체'의 요지다.

구름층 일출과 만남의 축복

그래서 이제 박근혜 정부에게 요청한다.

이제는 대범한 통일외교로 남북한의 경색을 풀어 주기를 바란다. 5·24조치 해제도 고려하고 민간 베이스를 활용하여 통 큰 인도주의적 지원사업을 확대할 필요도 있다.

북한 급변 사태에 대비한 국제공조 시스템도 갖춰야 하겠지만 무엇보다 북한 붕괴 후 한국에 흡수통일 될 것을 우려하는 중국을 성의를 다해 설득할 필요가 있다. 그와 동시에 한반도 통일이야말로 시진핑 주석이 꿈꾸는 '중국몽'을 실현하는 데 반드시 갖추어야 할 필요조건이라는 점을 부각시켜 주면 좋겠다.

또한 '미국, 일본 대(對) 중국'이라는 대치 구도가 우리의 설 자리를 좁게 만들고 있지만 우리는 결코 어느 한쪽을 택하거나 선호하는 우를 범해선 안 되겠다. 한·미동맹이 아시아·태평양의 평화를 지키는 린치핀이 될 수 있다고 중국에 설명하고 이와 동시에 미국에도 한·중관계 발전이 결코 미국의 국익에 반하지 않는다는 점을 강조해야 한다.

이와 함께 최악을 치닫고 있는 중국과 일본 간의 충돌을 막을 수 있는 방파제 역할을 한국이 할 수 있다는 사인을 양국에 계속 제시하자. 특별히 박 대통령께서 아베 내각에 대해 비판을 위한 비판의 수준을 넘어 이제는 새 아시아 비전을 제시하는 단계로 나아가기를 바란다. 그리하여 '동북아'라는 큰 틀에서 한·일관계와 한·중관계를 양수겸장으로 제어 관리하는 외교술을 발휘하는 것이 '더 큰 대한민국'을 만드는 활로가 될 것이라고 건의한다.

이런저런 생각을 하며 밤늦도록 몸을 뒤척이다 잠이 들었는데 그날 밤에 나는 신통한(?) 꿈을 꾸었다.

다름 아닌 짐 로저스 로저스홀딩스 회장을 만나 골프를 치거나 크루즈를 타고 여행을 같이 가는 장면들이 나타났고 그러다가 뜬금없이 로저스 회장이 북한 학생들을 모아 놓고 강의하는 장면이 겹쳐 떠올랐다.

나는 꿈이지만 너무나 생생한 현장감을 느껴 깜짝 놀라며 눈을 뜨고 말았다. 꿈을 깨고 나니 아쉽기도 하고 고맙기도 한 묘한 심정이 밀려와 한동안 또 잠을 설쳤다.

로저스 회장은 지난 연말 한국 기자와의 인터뷰에서 남북한이 통일된다면 자기의 전 재산을 팔아 북한에 투자하겠노라고 호언장담했던 인물이다. 오죽하면 박 대통령께서도 세계 유명 투자 귀재인 그의 인터뷰를 인용하며 남북통일의 당위성을 예찬했을까. 아무튼 한반도의 미래를 위해 누구보다 적극적이고 생산적인 대안을 갖고 한국을 자주 찾아주는 인물이라 평소 마음에 깊이 새겨두고 있던 분이다.

꿈이긴 했지만 내게 사사해 주는 바가 너무 큰 꿈이라 뜻밖에 얻은 선물 같은 느낌이 들었다.

다시 잠을 청했으나 여전히 잠이 잘 오지 않아 자리에서 일어나 창문을 열어 보았다. 아직 깜깜한 밤중이었지만 그렇게 많이 쏟아지던 눈은 그쳤고 온 산지와 해안은 눈에 덮여 마치 설국을 연상케 했다.

'터널을 벗어나니 설국이었다'라는 가와바타 야스나리의 소설 『설국』의 첫 페이지가 기억났다. 그와 함께 내 마음속에도 이 밤의 터널을 지나면 새로운 날의 일출을 보지 않겠나 하는 기대감이 일순 들었다.

어제 저녁 뉴스에서 밤중에 눈이 그치고 날이 개면서 평일 기온을 회복한다고 하니 기대가 되었다. 겨우 잠이 들어 한두 시간을 자는 둥 마는 둥 하다가 새벽녘에 급히 눈을 떠보니 벌써 일곱 시가 다 되어 가고 있었다.

우리 내외는 부랴부랴 고양이 세수만 한 다음, 옷을 있는 대로 다 껴입고 호텔건물 바깥으로 나갔다.

다행히 아직 일출 예정시간(7시 40분)은 되지 않았다. 마침 이른 아침에 눈을 치우려 일찍 출근한 호텔 직원들이 있어서 일출이 가장 잘 보이는 장소를 물어보았다. 조각공원이 있는 정상 부위라고 일러주어서 아직 아무도 밟지 않은 눈길을 헤치며 산꼭대기로 올라갔다.

먼동이 트기 시작했다. 하늘엔 어제처럼 먹장구름이 덮여 있는 건 아니지만 아직도 짙은 구름의 잔해가 수평선 위에 회색 띠를 두른

채 길게 가로 놓여 있었다. 그 위로 엷은 검푸른 하늘이 차츰차츰 밝아지면서 일출을 예비하고 있는 듯한 분위기를 자아내고 있다.

잠시 후 불그스름한 노을 색이 점차 짙어지면서 드디어 빨건 원형의 빛이 수평선 위로 솟아오르기 시작했다. 그러나 참 아쉽게도 해는 보이지 않고 붉은 광채의 그림자만 구름층을 투사하여 눈에 들어왔다. 우리 내외는 손을 부여잡고 기도했다. 40주년의 결혼을 자축하며 서로의 건강과 가족들의 안녕과 행복을 빌었다. 그리고 회사와 사역처인 연변과기대와 평양과기대 관계자들을 위해 기도했으며, 또 교회와 이웃을 위해 기도했다.

끝으로 우리 국가사회와 북한과 한반도 통일을 위한 기도를 하는데 갑자기 가슴이 뭉클해지며 눈물이 핑 돌았다.

내가 무슨 애국자라고 이러나 싶기도 했지만 그동안 25년에 걸쳐 연변과 평양을 오가며 듣고 보고 느낀 바를 상기하는 가운데 그 어떤 외면할 수 없는 시대적 사명감 같은 것이 가슴 깊숙한 곳에서부터 일출의 해처럼 불끈 솟아오르는 감을 느낀 것이다.

다소 막연했지만 마음으로, 뜻으로 새기는 '어떤 꿈'이 붉게 채색되어 가는 정동진의 수평선 위에 한 폭의 그림처럼 그려지기 시작했다. 나는 이 꿈을 '정동진의 꿈'이라 명명하기로 다짐하면서, 마음의 작정은 내가 하지만 그 길을 인도하시는 분은 여호와 하나님이신 것을 믿음으로 고백했다.

그리고 눈 덮인 조각공원의 여러 작품을 매우 로맨틱한 기분으로 감상하면서 우리는 청소년보다 더 젊은 어린아이가 되어 뛰노는

구름층 위로 솟아난 일출 광경(2014. 1. 5)

즐거움을 만끽했다. 그러는 동안에 얼마 있지 않아 구름층에 가려져 있던 해가 드디어 구름층 위로 붉은 광명의 기운을 뻗치며 활짝 솟아오르는 장면을 보았다. 기다리고 기다렸던 찬란한 대망의 빛이 아닌가!

수평선 위의 일출은 아니지만 구름층 위에 나타난 찰나지간의 일출 장면이 너무나 아름답고 휘황해서 우리들은 스마트 폰 카메라를 누르느라 정신이 없을 정도였다. 그런 가운데 마음속으로는 조금 전에 내외가 함께 손잡고 기도했던 기도의 제목을 하나님께서 이미 들으시고 흠향해 주셨구나 하는 확신이 들었다. 너무나 감사하고 감격스러운 순간이었다.

참으로 잊지 못할 결혼 40주년 기념일의 해맞이 행사가 되었다.

호텔을 떠나기 전에 우리 내외는 드디어 '하슬라 아트월드'의 주인 내외분들과 뜻깊은 만남의 시간을 가졌다. 반백의 긴 머리를 흩날리며 조용히 사색형으로 웃는 남편 작가분(최옥영 강릉대 교수)의 모습이 특별했고 또 '피노키오 미술관' 및 호텔 경영 전반을 관리하는 부인(박신정 사장) 역시 이화여대에서 조각을 전공한 재원이다.

젊은 40대 중반 나이에 이곳을 택해 휴양관광지 허가를 냈고 그 후 15년 동안 온 힘을 다해 건축과 미술작품과 자연환경을 하나의 통합적인 예술세계로 융합시켜온 두 분의 노력과 실적은 인생 그 자체를 하나의 창조적인 작품으로 빚어낸 도전의 삶이었다고 평가해도 지나치지 않을 만큼 훌륭해 보였다.

대화 가운데 나는 중국과 북한에서의 교육 환경과 산학협동 경험을 많이 나누어 드렸는데, 그들은 특히 평양과기대에 관심을 보이면서 남북 관계가 좋아지면 언젠가 여기 정동진역에서 동해선 철도를 타고 북한을 거쳐 시베리아 대륙까지 여행(TSR)하는 기회가 왔으면 좋겠다는 생각을 평소에도 갖고 있었다고 말했다.

나는 '피노키오 미술관'으로 들어가는 동굴 입구에 적어 놓았던 최옥영 작가의 어록을 상기하면서 인간의 삶에 있어서 남들이 가지 않은 새 길을 걸어간다는 것이 위험도 크지만 그러나 그렇게 새 길을 개척한 사람들의 창조정신과 독창력을 가장 고귀한 삶의 가치로 평가해 주어야 한다는 점에서 두 분을 마음껏 칭찬했다.

그러자 그들 또한 연변과기대와 평양과기대 사역을 통해 한국 크리스천들이 이루어 온 개척정신과 헌신적인 사랑의 결실을 매우 소중한 일로 알게 되었다면서 언제라도 대학 관계자들이 이곳을 방문하게 되면 마음을 다해 대접하겠노라는 인사말을 잊지 않았다.

그렇다! 이 외지고 비탈진 바닷가 산지를 국내뿐 아니라 외국 작가들도 찾아와 작품 전시회를 열만큼 유명한 아트월드로 만들어 낸 그들의 창조정신과 독창력을 오늘날 우리 국가사회의 지표인 창조경제와 문화융성에도 유용하게 적용하고 싶어진다.

또 향후 남북 '관계 개선' 및 '개발 협력'에 이르기까지 그 선구자적인 용기와 기획력과 노하우를 홍보함으로써 이 값진 보물을 한민족사회에 널리 알리는 운동을 펼쳤으면 좋겠다는 생각이 절실하게 났다.

많은 걸 배우고 간다고 고백했으며 이번 하기휴가 때는 자녀들뿐만 아니라 형제 가족들까지 데리고 다시 오겠다는 약속을 한 후 아쉬운 작별 인사를 나누었다.

하슬라 아트월드 대표 최옥영 작가(맨 오른쪽) 내외와 함께

정동진의 꿈 - 신 해동성국을 꿈꾸다

'하슬라 뮤지엄 호텔'을 떠난 우리 내외는 정동진 마을에 가서 아침 겸 점심을 먹으려고 포구가 있는 쪽으로 갔다.

그런데 생각지도 않게 마을 입구에서 '정동교회' 안내 간판을 발견했다. 오후 늦게 서울에 올라가서 예배를 드리려고 계획했던 생각을 접고 교회부터 먼저 찾아들어 갔다.

11시 예배에 아직 그렇게 많이 늦지는 않았다. 예배 순서지를 보니 새해 첫 예배라 임직 임명식과 성찬식이 있고 그 다음에 말씀 시간으로 되어 있었다.

오랜만에 시골 교회에 와서 예배드리는 감흥도 컸지만 무엇보다 신년 첫 예배를 정동진에 있는 교회에서 드리게 되었고 또 성찬까지 참여하게 되어 우리 내외는 속으로 얼마나 감격하며 기뻤는지 모른다.

말씀의 제목은 '서로 사랑하라'(요13:34)였다. 젊은 목사님이시지만 말씀에 조리가 있고 내용이 참 은혜로웠다. 사실 나는 본문 말씀의 제목을 보는 순간 내 심장이 멎는 듯한 충격과 감동을 동시에 느꼈다.

아! 하나님께서 올해 나에게 연변/평양과기대와 동북아공동체연구재단 사역을 통해 요구하시는 계명이 바로 이거구나 하는 생각이 퍼뜩 들었다. 우리 내외를 정동진까지 불러서 가르쳐 주시고자 하신 말씀이 바로 이것이었구나 하는 깨달음을 구한 셈이다.

나는 절로 순종하는 마음으로 '아멘' 하는 소리를 냈다. 내 영혼 속에서 큰 울림이 일어났다. 하나님의 뜻에 공명하는 영적 감동이 전류처럼 하늘로부터 임하는 걸 느꼈다.

"그래 그렇다. 우리 서로 사랑하자. 하나님은 사랑이시라, 하나님께서 주시는 사랑의 힘으로 하나님을 사랑하고 또 이웃을 사랑하자."

오래전의 일이지만, '내 꿈은 사랑이다'라고 고백했던 재완이의 목소리가 가슴속에 메아리쳐 온다. 2008년 여름, 장애인의 몸으로 서울 광화문에서 부채 팔고 사진첩 팔아서 번 돈 오백만 원을 들고 와서 평양과기대 건립을 위해 써 달라고 내민 그 손은 하나님의 손이었다.

우리 동역자들은 재완이의 전 재산이었던 그 헌금을 받아 들고 얼마나 울었는지 모른다. 그때 나는 결심했다. 그리고 앞으로 되어질 한반도 통일의 미래를 확신했다. 그렇다. 이 장애인의 사랑의 꿈이 살아 있는 한 언젠가 하나님께서 당신의 때에 반드시 우리나라를 하나의 몸으로 부활시켜 주실 것을 믿게 되었다.

얼마나 감사하고 행복한 확신이었던가! 그때 그 감동과 결단의 신념을 오늘 정동교회 예배를 통하여 다시 한 번 새롭게 상기시켜 주신 하나님께 감사한다. 나는 그날 정동교회 담임목사님께서 말씀을 마친 후 인도하신 합심 기도 시간에 이렇게 기도했다.

사랑의 하나님!

저 북녘땅에 동북아경제공동체의 기초를 이루는 대로를 열어 주십시오. 북한을 신 북방경제문화권의 활로를 열어가는 교두보로 삼아 주십시오.

한·중·일 3국 간의 갈등을 이겨내기 위한 방안으로 3국이 서로 힘을 합쳐 북한을 경제개발협력의 파트너로 삼을 수 있도록 길을 열어 주십시오.

경제개발협력을 통해 북한 주민생활과 국가체제가 안정되도록 이끌어 주시고 이런 과정에 권력을 가진 지도부가 새로운 각성과 결단으로 스스로 핵을 폐기하고 공포정치를 종식하는 기적까지 연출하도록 도와주십시오.

그리하여 마침내 한민족 동질성을 회복하는 가운데 통일의 기반을 닦고 나아가 국제사회의 일원이 되어 동북아 평화협력에 기여하는 건실한 파트너가 되도록 인도해 주십시오.

전능하신 하나님!

이런 신앙의 토대 위에서 동북아시아의 지도를 바라보니 과거 고구려와 발해가 누렸던 땅의 넓이가 눈앞에 어른거립니다. 지정학적으로 북한을 동북아의 중심에 놓고 보면 위로는 중국의 동북 3성과 동(東)몽골과 러시아 연해주가 접속되어 있고 아래로는 한국이 한 몸으로 붙어 있습니다.

만일 북한이 변화되어 한국과 공존, 통합, 통일의 과정을 거친다면 그런 변화의 과정에 북한에 연접해 있는 동북 3성과 동(東)몽골과 연해주를 잇는 광활한 지역 즉 옛 고구려와 발해의 땅을 우리 고유의 한류 문화가 약동하는 신 북방경제문화영토로 확대 발전, 복원하는 기회를 가질 수 있지 않겠습니까.

이런 구상이 가능하다고 가정하면 그때 우리에게 무엇보다 유리한 점은 우리 한국의 배후에는 미국과 일본이라는 세계 최대의 경제력과 최고의 기술력을 갖춘 나라들이 동맹국 관계로 뒷받침해 주고 있다는 사실입니다.

특히 일본은 한반도 통일을 불안해 하거나 막지는 못할 것입니다. 오히려 북한 경제 개발에 참여함으로써 한국 전쟁(6·25 동란) 이후 최대 규모의 경기부양책을 갖게 될 전망인데 그들이 어찌 우리 앞길을 가로막으려 하겠습니까.

더군다나 미국 입장에서도 이 동북아경제공동체를 TPP(환태평양경제동반자협정)와 연계하여 관리하게 되면 중국과 러시아를 이중적으로 견제하는 기회를 가질 수 있게 될 터이니 더욱 금상첨화 격인 대(對)아시아 회귀전략이 되지 않겠습니까.

'뉴 그레이트 게임(New Great Game)'이라 불러도 좋을 만한 이런 정도의 큰 판을 짤 수 있는 나라는 이 지구 상에서 우리 한국과 북한뿐입니다. 한국이 없어서도 안되지만 북한이 빠져서도 이룰 수 없는 이 기적의 한 판을 우리에게 선물로 허락해 주십시오.

만일 이 일이 가능하다면 저는 이 판의 이름을 '신 해동성국'이라 부르고 싶습니다.

세상적인 이름으로는 신 해동성국(海東盛國)이지만 영적으로는 신 해동성국(海東聖國)이라 불리 울 이 땅을 잘 기경하고 섭리하여 마침내 21세기 '새로운 세계 질서'의 한 축으로 삼게 하시고 이를 토대로 동북아경제공동체가 구체화 되도록 도와주십시오.
그리하여 이 협력체가 '원아시아'를 태동하는 '글로벌 거버넌스'의 한 전형(典型)이 되도록 이끌어 주시고 나아가 중견국 '미들 파워'로 성장한 한국이 동북아 분쟁을 중재하고 격랑의 아시아를 잠재우는 역할을 감당함으로써 마침내 자신의 끊어진 몸뚱아리도 하나로 부활시키는 통일의 기적까지 창출케 해 주십시오. 여기까지 이루어 주셔야 직성이 풀리겠습니다. 거기까지 갈 수 있어야 우리 한민족의 사명이 끝나지 않겠습니까.

역사를 주관하시는 하나님!
70년 간이나 분단과 결별의 아픔을 아파왔던 우리 민족을, 사회주의 체제와 시장경제자본주의체제 간의 이념적 갈등의 희생물이 되어왔던 우리 민족을, 서구 제국주의 열강들의 수탈과 그 아류인 일본 군국주의에 의해 나라의 국권을 빼앗기고 우리의 이름과 말까지 빼앗겼던 불행했던 한민족사의 고난을 누구보다 잘 알고 계시는 하나님!
이제 우리 한반도를 고난의 분단 광야에서 벗어나 새 하늘과 새 땅이 열리는 통일의 신천지로 인도해 주십시오.
저 북한 엄혹한 동토의 땅을 자유와 생명이 춤추는 푸른 숲의 녹지로 변화시켜 주십시오.
흔들리지 않는 믿음의 힘으로 우리가 먼저 요단의 강을 건너는 발걸음을 내딛도록 하시고 끊임없는 소망의 힘으로 끝까지 도전하며 나아가는 불굴의 변함없는 사랑의 힘으로 우리의 적까지도 용서하고 화해하며 함께 하나님의 복을 누리게 해 주십시오.

이 모든 간구를 주 예수 그리스도의 이름으로 기원합니다. (아멘)

이렇게 기도하고 나니 새벽에 '하슬라 아트월드'의 조각공원에서 막연히 가졌던 '어떤 꿈'이 너무도 선명하게 내 마음속에 자리 잡히는 것을 깨달았다.

아! 이 꿈을 내 평생의 화두로 삼고 살아가야겠구나 하는 생각이 든다. 결국 하나님께서 나를 여기까지 인도해 주셨구나 하는 생각이 들자 문득 또 눈물이 앞을 가린다.

집사람의 손을 꼬옥 잡아 주며 '앞으로 새롭게 다가올 40년을 더 아름답고 행복하게 살아봅시다'하는 눈짓을 보내며 정동교회를 떠났다.

서울로 돌아오는 영동고속도로 위의 하늘은 맑고 푸르렀다. 산하를 덮고 있는 푸른 숲의 아름다움이 그 어느 때보다도 풍성하고 생명력이 있어 보였다.

우리 내외의 결혼 40주년 기념행사는 이렇게 끝이 났다.

그러나 돌아와 현지에서 썼던 글을 정리하면서 가만히 생각해 보니 내가 동북아공동체 문제나 통일 과제를 너무 주관적으로 썼구나 싶어서 이를 공개하기가 부끄럽고 두려워졌다.

그런데 일주일이 지나고 열흘이 지나는 동안에도 계속 '정동진의 꿈'이 되살아나 혼자 속으로 소화하기에는 너무나 벅차고 아깝다는 생각이 들어 그냥 눈 질끈 감고 발표하기로 했다.

무엇보다도 내게 이렇게 하도록 큰 용기를 덧입혀 준 일이 생겼다. 여행에서 돌아온 다음 날 1월 6일 오후에 박근혜 대통령께서 기자회견을 한 자리에서 "통일은 대박이다"라고 천명하신 일이 바로 그것이다. 마음에 큰 희망이 넘쳐 났고 이제 드디어 때가 왔구나 하는 생각이 들었다.

그리고 이와 함께 우리가 한반도 역사의 '대박 통일'을 준비하기 위해서는 우리들만의 좁은 시각의 틀에서 벗어나 새로운 동아시아의 흐름을 활용하는 종화적인 미래의식을 갖출 필요가 있다고 여겨졌으며 이를 위해서는 주변 정세를 좀 더 넓고 크게 이해하는 '시스템 엔지니어링'적인 사고방식을 갖출 필요가 있다고 믿어졌다.

그래야만 우리 한국인이라면 누구나 한 번쯤 생각해 봤을 고토(故土) 회복의 꿈, 즉 신 해동성국에 이르는 '더 큰 꿈'을 실현할 수 있는 가능성의 새 시대를 열어 갈 수 있다고 본다.

이런 뜻에서 조금이나마 참고가 될까 싶어서 다소 미숙한 내용이지만 감히 발표하니, 독자 제위께서는 필자의 충정을 이해하고 특별한 우정의 뜻으로 마음에 새겨 읽어주면 고맙겠다.

다만 끝으로, 이것만은 분명하다. 그동안 25년에 걸쳐 동북아 지역 여러 곳을 돌아다니며 그곳에서 활동하고 있는 인간사회의 진실과 국가적 정의를 객관적으로 탐구하고자 노력해왔던 한 지식인의 양식과 숙고를 통해 얻은 결론은, 우리 한민족이야말로 21세기 통합구조의 세계화 시대를 살아가는 데 가장 유용하고 적합한 민족이라는 사실이다.

수많은 고난과 역경의 삶을 살아왔지만 그 역사의 험로를 통해 연마되고 훈련된 정신력, 즉 '갈등을 통합하는 리더십(Syncretics Leadership)' 이야말로 이 시대를 변화시키는 정금(正金) 같은 대안의 능력이라고 믿어지며, 이런 사실을 우리 후대들에도 깊이 인식시키고 계승, 발전시켜 갈 수 있도록 가르치는 것이 마땅한 도리라고 믿어진다.

2014. 1. 23.

여행코스 선택 | UN기념공원 답사 | 해운대와 오륙도를 돌아보며 | 부산시 충혼탑공사에 대한 추억 | 블루오션 브릿지와 거부경제권 | 비가 와서 속타는 조선족 가족들 | 일제가 파 놓은 충무해저터널 | 세상에서 가장 아름다운 섬, 외도 | 거제포로수용소 유적공원 | 반공포로석방 사건의 의의 | 미완의 소설, 돌아오지 않는 다리 | 명량대첩으로 이어지는 1박2일의 특별한 휴가

2장

특별한 휴가

블루오션 브릿지 이야기

2. 특별한 휴가

블루오션 브릿지 이야기

여행 코스 선택

8월 들어와 이번 여름휴가를 어디로 갈까 의논하다가 결국 아내의 의견을 따르기로 했다. 3박 4일 일정으로 중국 쿤밍이나 옌타이 쪽으로 골프관광을 다녀오자고 우겼는데, 노모(86세)를 며칠이나 집에 혼자 두고 떠날 수 없다는 아내의 말에 꼬리를 내리고 말았다. 그러면서 아내가 추천한 코스가 부산-거제도-통영을 다녀오는 철도(코레일) 이용 관광 프로그램이었다.

지난 4월 중국 연변대학 손춘일 교수(민족학원 원장) 내외가 서울에 와서 한 달간 머무르는 동안에, 그들과 함께 1박 2일 코스로 나주-해남-완도를 다녀온 적이 있었다. 그 여행이 너무 좋았다고, 이번에도 그렇게 1박 2일 코스로 다녀오면 좋겠다고 해서 결국 의논 끝에 오랫동안 가보지 못했던 거제도-통영 쪽을 택하기로 했다.

UN기념공원 답사

8월 13일 아침 9시 서울역에서 KTX를 타고 부산에 도착하니 12시가 다 되었다. 부산역 대합실에서 이번 여행을 함께 다녀올 분들을 만났는데, 중국에서 온 조선족 가족 다섯 명이 전부였다. 가장 김학명 씨 내외는 12년간 한국에서 일해 오신 분이고, 아들 내외는 중국 심양에서 조그만 개인사업을 하고 있다고 했다. 그리고 예쁘장하게 생긴 딸은 랴오닝대학에서 일어를 전공했으며, 현재 대련에서 미국인 회사 일어 통역자로 근무하고 있다고 자기소개를 했다.

우리 내외를 합쳐 7명밖에 안 되는 단출한 여행팀이었다. 예순이 넘어 보이는 가이드의 안내에 따라 우리는 먼저 대연동에 있는 식당으로 가서 점심부터 먹었다. 그러고는 곧바로 UN기념공원을 방문했다. 4만 평 부지가 한 장의 큰 정물화처럼 잘 가꾸어져 있었다. 이곳을 전부터 알고는 있었지만 실제로 찾아온 것은 이번이 처음인데, 특히 이곳은 고(故) 정주영 회장께서 잔디 대신 보리를 심어 UN 관계자로 하여금 땅을 공원부지로 매입토록 했다는 유명한 일화가 남아 있는 곳이다.

'6·25 전쟁'이 끝난 직후, 보리죽도 제대로 못 끓여 먹을 당시, 더군다나 겨울철에 어디서 잔디를 구해 심었겠는가. 푸른 보리밭을 떼 와서 임시변통으로 잔디밭을 조성한 정 회장의 역발상적인 아이디어가, 당시 헬리콥터를 타고 부지 상공을 선회하며 관찰했던 UN 관계자들의 눈에는 마치 그 땅이 한 폭의 푸른 녹지처럼 아름답게 보였을 것이다.

UN기념공원에서

(나는 이미 알고 있었지만) 가이드 아저씨가 침을 튀기며 자랑삼아 전해주는 설명을 듣고, 동행한 조선족 가족들은 현대그룹의 창업주 정주영 회장께서 일생을 두고 성취한 많은 사업실적이 이러한 역발상적 기민성과 끈질긴 추진력에 의해 이루어졌다는 사실을 비로소 처음 이해하는 것 같았다.

여기에 더하여 '6·25 전쟁'이 참전국 16개국과 지원국을 합쳐 모두 30여 개국이 참여한 국제전쟁이었으며, UN군으로 구성된 우군들의 참전으로 한반도가 공산화되지 않고 마침내 지금과 같은 자유 대한민국으로 부흥, 발전하게 된 것을 조선족 가족들에게 상기시키는 유익한 시간이 되었다.

CSCEC 해운대관광리조트 조감도

광안대교 야경

해운대와 오륙도를 돌아보며

우리는 다음 행선지로, 관광유람선을 타기 위해 해운대 미포 선착장으로 갔다. 선착장 옆에는 과거에 한국콘도(주)가 보유했던 부지를 최근 중국기업(CSCEC)이 사들여 100층이 넘는 호텔과 고급아파트 3동을 짓는 현장이 있었다.

몇 년 전부터 부산의 수영만 일대와 해운대에는 중국 자본과 일본기업의 투자가 눈에 띄게 밀려와 센텀시티를 중심으로 80층 이상 되는 아파트 건물이 여러 동(棟) 들어섰을 뿐만 아니라 세계에서 제일 큰 쇼핑 장소인 신세계백화점이 개관하여 중국 관광객과 일본 관광객을 대상으로 맹렬한 영업을 하고 있다. 이외에도 영화의 전당(부산국제영화제), BEXCO(국제컨퍼런스장), 수영만 요트경기장 등을 비롯한 많은 신축건물과 시설들이 빼곡히 들어서서 신국제항만도시로 손색없는 발전을 보이고 있다.

'갈매기 밥'을 주며 즐거워하는 조선족 가족들

우리 일행들은 가이드 아저씨가 권해서 유람선을 탈 때 갈매기 밥으로 '새우깡'을 구입했다. 아니나 다를까. 승선객들이 던져주는 새우깡을 받아먹으려고 수십 마리의 갈매기가 떼를 지어 우리 배를 뒤따라 왔다. 내 손바닥을 쪼아대는 갈매기가 무척 귀엽고 친근하게 느껴졌다.

얼마 있지 않아 제13차 아셈회의가 열렸던 동백섬 '누리마루 APEC하우스'가 눈에 띄었는데, 마치 큰 버섯처럼 솔숲을 배경으로 해안가 언덕 위에 우뚝 세워져 있었다. 그 앞을 지나 광안대교가 한눈에 바라보이는 바다로 나왔다.

10여 분 정도 지나 오륙도에 다다랐다. 밀물 때 섬이 다섯 개였다가 썰물이 되어 수위가 약간 낮아지면 섬이 여섯 개로 보인다는 뜻에서 오륙도라 불리는 부산의 명소이다. 나의 애창곡이기도 한 조용필의 '돌아와요 부산항에'를 흥얼거리며 오륙도를 한 바퀴 돌아볼 때, 나는 특별한 감회에 젖었다. 저 멀리 부산역 뒤쪽, 하늘과 맞닿아 있는 대청봉 산꼭대기에 성냥개비 몇 개를 세워 놓은 듯한 조그만 구조물이 보일 듯 말 듯 아른거리며 보였기 때문이다.

부산시 충혼탑공사에 대한 추억

여기서는 그렇게 작게 보이지만, 실은 대청공원 정상부에 세워져 있는 충혼탑은 그 규모가 놀랄 만큼 큰 구조물이다. 65m 높이의 9개 수직기둥 위에 직경 20m가 넘는 대형 '링' 콘크리트가 허공에 브라켓으로 연결되어 있고, 그 '링' 안쪽에서 30m 높이로 9개의 철 구조물이 갈빗대 모양으로 탑신을 떠받치고 있는 형태의 특이한 조형구조물이다.

1982년 당시 부산 지하철 공사에 참여했던 6개 건설업체가 성금을 모아 원래 용두산에 있었던 부산시 충혼탑을 대청봉으로 이전하는데 필요한 기금을 지원했었다. 그때 현대건설이 대청봉공원사업과 함께 이 충혼탑공사를 수주했었고, 우리 회사(당시 회사명 '반도조경')가 현대건설로부터 일괄 하청을 맡아 완공한 공사였다.

무려 2년간에 걸친 난공사 끝에 작업을 깨끗이 완료해 놓은 날 밤, 내일이면 이명박 당시 현대건설 사장이 참석해서 준공식 테이프를 끊기로 한 전날 밤, 그날 밤에 나는 충혼탑이 있는 대청봉 산꼭대기 언덕 위에 올라가 혼자 깡소주를 마시며, 저 멀리 오륙도가 있는 검은 바다를 바라보며, 큰 공사를 완벽하게 잘 끝냈다는 성취감과 함께 이런 공사현장에서 하청이나 하며 사는 게 내 인생의 진로인가 하는 허탈감이 교차하는 심정을 억제치 못해 엉엉 울며 흘렸던 눈물이 지금도 가슴을 찡하게 흐른다.

각박한 공사비에 일은 어렵고 또한 매우 위험한 현장이라 아무도 쉽게 나서지 않았던 일을, '할 수 있다'는 신념 하나만 믿고 시작했던 공사다. 이 공사는 당시 울산에 있었던 현대건설 영남지사가 수주해서 본사 품의를 거쳐 하도급 업체를 선정하는 절차를 거치게 되었는데, 공사가 까다롭고 공사비가 부족해서 본사 토목부, 건축부, 주택사업부 산하 업체를 아무리 뒤져봐도 선뜻 일을 맡겠다고 나서는 업체가 없었다. 결국 그 하도급 업무가 수주 부서인 영남지사로 다시 떠넘겨졌다. 이런 소식을 접한 나는 그때 제 발로 영남지사장을 찾아가 이런 조건을 제시했다.

"현대가 수주한 공사비를 다 달라고 하면 내가 도둑놈 소리를 듣겠지요. 일괄도급 방식으로 처리하고 90%만 주시오. 단 이 공사를 수행하는 과정에 기술적인 문제나 인력관리 요령은 우리 반도가 전적으로 책임지고 할 테니 일체 간섭하지 마시기 바랍니다. 이런 조건이면 내가 이 일을 맡겠소."

충혼탑 앞에서 이승률 회장 (2013. 10)

그 자리에서 결정되어 우리 회사가 그 일을 맡아 수행했고, 2년간 안전사고 없이 무사히 공사를 완벽하게 마쳤다. 돌아가신 김중업 설계자가 자기도 이렇게 어려운 공사인 줄 몰랐다고 하면서 준공식 후 나를 꼭 껴안아 주셨던 그런 공사였다.

그 후 나는 어렵고 힘든 일을 만날 때마다, 그 대청봉 산꼭대기 위에 건립했던 충혼탑을 마음에 새기며 남모르는 용기와 힘을 스스로 되살리곤 했다. 관광유람선이 오륙도 앞바다를 돌아갈 때 저 멀리 산과 하늘이 맞닿은 곳에 대청봉 충혼탑이 신기루처럼 서 있는 장면이 떠올라 유람선을 타고 가는 동안 내내 가슴이 뛰었다.

유람선 관광을 마치고 선착장 부근에 있는 '부산 아쿠아리움'을 관람한 후 일행들은 봉고차를 타고 센텀시티를 한 바퀴 돌아본 다음 광안대교와 부산항대교 그리고, 영도를 거쳐 시내로 들어와 자갈치 시장으로 갔다. 푸짐한 횟거리로 배를 채운 다음 우리 일행은 남항대교와 송도를 거쳐 낙동강 하굿둑(을숙도)과 명지오션시티, 녹산산업공단, 부산·진해경제자유구역을 지나 가덕도를 향했다. 가덕도에는 8년 전에 부산 신항(1단계)이 개항되어 기존 부산항의 과적 물량을 분담하는 보조 역할을 해주고 있는데, 필자는 그동안 여러 경로를 통해 이 가덕도를 한반도 동·남해안의 매우 중요한 교통전략지로 강조해 왔다.

'블루오션 브릿지'와 '거부경제권'

상술하면, 부산·진해경제자유구역과 가덕도 연결구간에 건설된 부산 신항의 항만 규모와 부대시설도 단계적으로 확장해 나가야 하겠지만, 그보다 포화상태인 김해공항을 이곳 가덕도로 이전시켜 항만, 공항, 도로 및 철도가 복합적으로 연계되는 'TRI PORT'를 건설하는 것이 부산지역 발전에 도움이 될 것이며, 이곳을 중간 거점으로 하여 거제도와 부산을 한데 묶어 일본 쓰시마와 큐슈지역경제권에 대응하는 '거부(巨釜)경제권'을 조성하는 것이 한반도 지역균형발전에 새로운 대안이 될 수 있다는 주장을 펴 왔다. 특히 장차 도래할 한·일해저고속철도시대를 대비하는 '거대 전략'으로 부산 신항 및 가덕도 신공항을 경북 내륙의 중심 도시인 대구와 연결시켜 융복합형의 '영남권 클러스트'를 조성할 필요가 있다고 내다봤다.

주지하다시피, 그동안 영남권 신공항 입지 선정 문제는 2007년 대선 당시 이명박 후보가 처음 공약했으나 2011년 백지화됐고, 그 후 2012년 대선 당시 박근혜 후보가 다시 공약하면서 논란을 빚어온

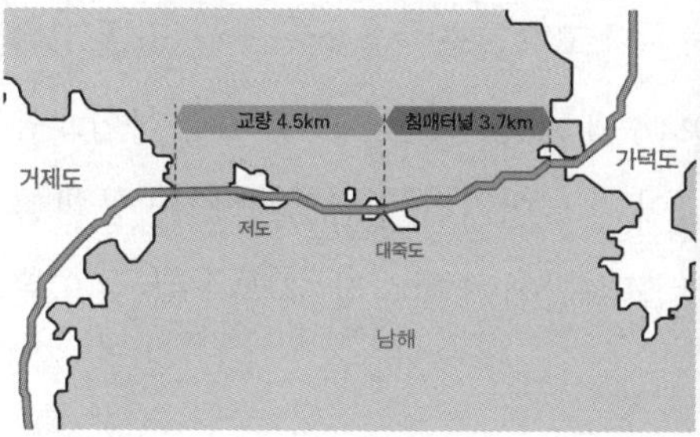

부산 거가대교 위치도

부산 신항

전례가 있다. 그러다가 최근에 국토교통부가 '영남지역 항공수요조사 연구' 용역을 통해 영남권 신공항 건설이 불가피하다는 결론을 내리게 됨으로써 해상형 공항(부산 가덕도)을 주장해 온 부산과 내륙형 공항(경남 밀양)을 희망해 온 대구·경북의 유치경쟁이 재점화될 조짐이다.

사실 필자는, 경북 청도 출신으로 대구·경북이 어릴 적 성장기반이었으며, 또한 '팔이 안으로 굽힌다'고 지역감정과 이해관계로 따지자면 당연히 경남 밀양을 지지해야 될 입장이다. 그럼에도 불구하고 부산 가덕도를 신공항 입지로 추천하는 이유는, 영남권 신공항은 명실공히 국가전략적인 경제논리에 입각하여 항만과 연계된 동북아 광역교통망의 GATE & HUB로 발전시킬 수 있어야지 국내 여건에 묶여 지역 공항의 확장 개념 정도로 추진되어서는 안 된다는 소신에 기인하다.

다만 경상남북도의 내륙을 동·남해안의 해양산업벨트와 사통팔달 소통할 수 있도록 지역교통망을 대폭 확장, 초고속화할 필요가 있는데, 이 경우 부산 신항 및 가덕도 신공항과 밀양, 대구, 구미 등의 내륙거점도시를 상호 연결하는 초고속철도(시속 400㎞ 주행) 및 초고속 산업도로(8차선 왕복 도로, 120㎞ 주행)를 병행 건설하여, 이런 복합교통 시스템을 축으로 경북과 경남이 한 덩어리의 '영남경제산업공동체'를 이루도록 조치하는 것이 국토균형발전에 혁신적 대책이 될 수 있을 것이라는 견해를 갖고 있다.

이런 '거부경제권'과 '영남경제산업공동체'가 상호작용을 일으키며 시너지 효과를 올린다면 경기·수도권에 편중되어 있는 국내 경제 판도를 지역균형발전 패턴으로 전환시킬 수 있을 뿐만 아니라 대외적으로는 환황해경제권(한·중·일)과 환동해경제권(한·중·일·러·몽골)을 복합적으로 접속시키는 동아시아지역 초대형 국제물류유통경제권을 형성하는 일이 될 것이라고 본다.

이러한 구상의 핵심에 '가덕도'가 자리 잡고 있으며, 이 중간 연결지대를 통해 부산과 거제도가 한 시간 이내로 소통하는 시대가 곧 다가오리니 그것을 필자는 '블루오션[1] 브릿지'로 상정(想定)해 온 터다. 즉, 부산 해운대에서 출발하여 광안대교/부산항대교/영도/남항대교/송도/을숙도대교(낙동강 하굿둑)/가덕대교/부산신항/거가대교/거제도에 이르는 교량 및 산업도로 연결 구간을, 필자는 8년 전에 이미 부산시와 부산발전연구원이 공동주최한 국제콘퍼런스에서 '거부경제권' 구상과 함께 '블루오션 브릿지'라는 이름으로 명명하고 이를 중심축으로 삼는 신(新) 부산발전전략을 제안한 바가 있다.

이를 증명하기라도 하듯, 부산시는 지난 5월 22일 부산항대교 개통을 마지막으로 광안대교~부산항대교~남항대교~을숙도대교~신호대교~가덕대교~거가대교 등 해안순환도로(전 구간 52㎞) 7개 교량을 모두 완공했다고 공식 발표했다. 그날 부산항대교 개통식에서 허남식 부산시장은 "해안을 끼고 7개의 다양하고 특색 있는 교량을

---

1 '블루오션'은 현재 존재하지 않거나 알려져 있지 않아 경쟁자가 없는 유망한 시장을 가리킨다. 따라서 광범위하고 깊은 잠재력을 지닌 시장을 비유하는 표현으로, 프랑스 인시아드 경영대학원 국제경영 담당 석좌교수이며 유럽연합(EU) 자문위원인 김위찬 교수가 제창한 기업 경영 전략론 「블루오션 전략(Blue Ocean Strategy)」에서 유래했다.

거가대교 전경

가진 도시는 국내는 물론 세계적으로도 부산이 유일하다"며 "이 같은 해안 교량들을 명품화, 관광자원화해 부산을 대표하는 도시 브랜드로 만들어 나갈 것"이라고 말했다.

글이 난삽하게 길어졌지만, 이런 미래도시형 구상안을 전파하느라 애를 써온 본인 입장에서는 7개 교량 전 구간을 차량으로 직접 주행해 보고 싶었던 바람이 있었는데, 이번 기회에 가덕도와 부산신항을 방문하게 되었으니 그 감동이 남 다를 수밖에 없었다. 특히 4년 전에 개통된 세계 최저심도(-48m)의 침매해저터널을 지나 다섯 개의 대형 사장교로 연결되어 있는 거가대교를 통과해서 거제도에 이르렀을 때의 그 심경은, 남들이 알 수 없는 벅찬 감동과 미래를 향한 비전의 충동으로 심장이 터질듯했다.

얼마 후 거가대교를 지나 거제도를 횡단해서 마침내 숙박지인 통영에 도착했다. 이 '통영시'는 원래 '충무'였으나 도시명을 통영으로 개명했는데, '통영'은 '삼도수군통제영'을 줄인 말이라고 한다. 이순신 장군의 위업과 유적이 살아 숨 쉬는 지명이다. 한 마디로 말해 '칼의 노래(김훈 소설)'가 울려 퍼지는 '역사의 성지'에 당도한 것이다.

비가 와서 속타는 조선족 가족들

한밤중에 빗줄기가 창문을 때리는 소리가 들려 후다닥 잠을 깼다. 한반도 남부지역에 형성된 저기압권이 많은 비를 동반하고 있어 하루 종일 비가 올 것이라는 예보를 들어서 이미 알고 있었지만, 여행을 다니는 입장에서는 참으로 유쾌하지 않은 일이다.

조선족 김학명 씨는 한국에 온지 12년 만에 벼르고 별러서 중국에 있는 자녀들을 초청해 여름휴가를 왔다고 하면서 어제 저녁부터 연신 불평을 털어놓았다. 우리 내외는 이래도 좋고 저래도 좋은 심정이었지만, 그분들 입장에서는 너무나 억울한 일이 아닐 수 없었다. 특히 비가 오면 사진을 제대로 찍을 수 없으니, "남는 건 사진 밖에 없다는데"라고 하면서 연신 한숨을 푹푹 내쉬던 모습이 지금도 눈에 선하다.

아니나 다를까 새벽부터 장대비가 쏟아지기 시작했다. 우리 일행들은 모텔을 떠나 본디 스케줄대로 케이블카 승강장이 있는 곳으로 가서 아침 식사를 하면서 당일 여행 코스를 어떻게 잡을 것인지 의논했다. 어제 저녁 자갈치 시장에서부터 가이드가 젊은 청년으로 바뀌었는데, 그는 조심스럽게 우리들의 의견을 조정해 나갔다. 결론적으로, 한려수도를 조망할 수 있는 한국 최장 길이의 케이블카 탑승은 취소키로 했다.

이 통영의 케이블카는 2008년 개장 이후 770만 명의 관광객을 태운 덕분에 '국민 케이블카'로 불리면서, 지역경제에 효자 노릇을 톡톡히 하고 있는 남해안의 유명 관광시설이다. 2000년대 초반 환경단체 등의 반대로 케이블카 건설이 무산될 위기에 놓였지만, 통영시가 최신 공법을 적용해 중간지주(53m)를 한 개만 세우고, 미륵산 정상 도착지의 탐방로를 전부 나무 데크로 설치해 환경 훼손 논란을 잠재우는 등 주민들의 압도적인 지지를 받아 이룩한 성과로 정평이 나 있는 곳이다.

비가 오고 안개가 끼어 정상에 올라가 봐야 한려수도를 조망할 수 없기 때문에, 우리 일행들은 아쉬움이 컸지만 케이블카 탑승을 취소하고 외도 관광에 올인 하기로 했다. 실은 외도 관광도 성사 여부가 불투명했다. 그러나 이곳은 꼭 보고 가야 하겠기에, 배가 뜰지 안 뜰지 알 수 없지만 아침 식사를 마치는 대로 구조라항 선착장으로 가서 대기하는 한이 있더라도 외도 관광을 가는 것으로 결정했다. 그런데 가이드가 인심 쓰듯 한 가지 옵션을 제안해 주었다. 그것은 케이블카를 못 탄 대신에 부산으로 돌아가는 길에 거제도에 있는 '포로수용소 유적공원'을 관람시켜 주겠다는 것이다. 나는 내심 뛸 듯이 기뻤다. 왜냐하면 여기까지 와서 꼭 가보고 싶었던 곳 중의 하나가 바로 '포로수용소 유적공원'이었기 때문이다.

일제(日帝)가 파 놓은 충무해저터널

케이블카 승강장에서 아침 식사를 마치고 구조라항으로 가는 도중에 뜻밖의 횡재(?)를 하나 만났다. 그것은 다름 아닌 과거 일제시대에 파 놓은 충무해저터널을 알리는 이정표가 눈에 띄었기 때문이다. 조선족 일행들이야 어찌 이를 알겠느냐마는, 사실 필자가 대표로 있는 동북아공동체연구재단을 통해 설립 초창기부터, 한·일해저고속철도와 한·중해저고속철도 건설 사업을 병행 시행하는 것이 한반도 역사 발전에 새로운 전환기적 기회를 창출하는 일이 될 것이라는 주장을 계속해 온 터이다.

그동안 부산발전연구원이 주최한 '부산항만 물류발전방안' 및 '부산광역권 신도시개발계획' 등을 위한 각종 심포지엄에 여러 차례 발제자 또는 토론자로 참여하여 한·일해저고속철도를 기축 인프라로 하는 동북아 광역교통망의 관문도시로 부산을 업그레이드시켜 나갈 것을 주장해 온 장본인으로서, 옛날 왜정시대 일제가 파 놓은 한일해저터널 시범 구간을 알리는 이정표를 만나게 되니 가슴이 뛸 수밖에 없었다.

내심으로는 그곳에 잠시 들렀다 가자고 요청하고 싶었으나, 외도 관광이 가능할지 몰라 노심초사하고 있는 조선족 일행들을 생각하니 도저히 입이 떼이질 않았다. 그래서 나는 가이드에게 '이곳' 해저터널에 대해 아는 대로 설명을 해 달라고 요청을 했으나, 뜻밖에도 관광가이드라는 분이 전혀 '이곳'에 대한 내용을 모르고 있었다. 통영 출신이 아니라서 모르기도 했겠지만, 한·일해저터널에 대한 관심

자체가 지역주민이나 관광객들에게 별로 어필되어 있지 않았기 때문에 과거 에피소드형 유적지로 남아있을 뿐이었다.

그러나 동아시아 국제관계사를 연구해 온 필자의 입장에서는 상당히 중요한 '팩트'(事實)로 인식됐었다. 그래서 참다못해 일행들을 위해 내가 먼저 아는 데까지 '이곳'을 설명해 주었다.

"충무해저터널(길이 461m, 높이 3.5m, 너비 5m)은 통영반도와 미륵도 사이에 있으며, 통영운하의 바닥 밑을 가로지르는 터널로 1932년에 완성되었는데, 해저터널로서는 당시 동양 최초였다. 인마와 차량이 통행할 수 있고 관광요소도 충분히 있어서 한동안 충무·통영 지방의 명물로 소개됐으나, 바닷물이 스며드는 등 시설이 점차 노후화되어 1976년에 운하교인 충무교가 완성된 후로는 차량의 터널 이용을 금지해 왔다.

일제시대 때 시공된 이 터널은 일본 정부가 한·일 간 해저터널을 구상하는 시범구간으로 사용했기 때문에 학계뿐만 아니라 국민여론상 논란이 컸고, 또한 이를 모델로 하여 통일교가 1986년도에 굴착한 일본 큐슈 가라쓰(唐津)지방의 해저터널 초입부 현장은 양국간 외교 문제로 등장할 만큼 세인의 관심을 끌기도 했다. 특히 일본관료 출신 지식인 및 한·일우호 관계를 지향하는 우익단체에서 '일·한터널연구원'을 설립하여 이 사업을 적극적으로 추진하는 과정에 한국 정계에 로비하는 사례도 발생했다.

한국 측의 한·일해저터널에 관한 구상은, 1981년 통일교 문선명 총재가 제안한 이후 1990년 노태우 대통령, 2000년 김대중 대통

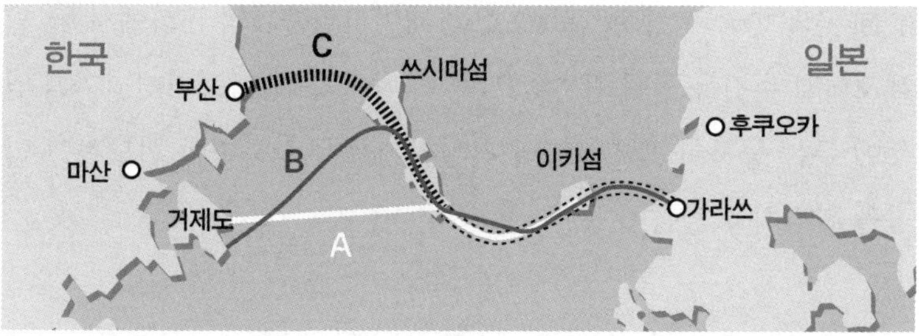

	총연장	최대 수심	육상거리	해저거리	특징
A안	209km	155m	64km	145km	대단층 우회, 해저구간이 가장 김
B안	217km	160m	76km	141km	대마도 횡단
C안	231km	220m	103km	128km	노선이 비교적 직선으로 주행성 양호, 대단층 통과

한·일 해저터널 노선 구상안(부산발전연구원)

령 등이 일본에 건설을 제의하면서 양국 간에 관심 사항으로 떠올랐던 일이 있으며, 특히 김대중 대통령은 햇볕정책의 연장 선상에서 한·일해저터널을 경의선 복원사업 등과 연계하려는 '꿈의 구상'에 집착했던 적이 있다. 그 후 노무현 대통령도 2003년 2월 25일 대통령 취임식 참석차 내한한 고이즈미 일본 총리에게 "북한 문제가 해결되면 해저터널 착공문제가 경제인들 사이에 다시 나올 것"이라며 터널 개발에 관심을 표명했다는 소식이 있다. (주간동아 2003. 9. 30.)"

아무튼 한·일 양국 국민의 민족감정, 기술적 가능성, 공사비 부담 등에 대한 면밀한 검토가 선행되어야 할 이 프로젝트는, 일제시대는 차치하고라도 한·일수교 이후 본격적으로 논의된 지 30여 년이 지났지만 여전히 원론적인 수준을 벗어나지 못한 상태에 머물고 있다.

그런 가운데 최근 아시아나그룹의 박삼구 회장이 일본 경단련

(經團連)과 한국 전경련(全經聯) 소속 재벌기업들과의 대화에서 한·일해저터널 추진을 공식 거론했으며, 더 나아가 한·중해저터널까지 염두에 두는 동북아 광역교통망 건설사업을 주장하면서 선도적인 역할을 감당하고 있음이 눈에 띈다.

아무튼 충무해저터널을 기점으로 해서 한·일해저터널 추진에 관련된 여러 가지 에피소드와 경위를 10분 정도 열을 내어 설명해 주고 나니 스스로 기운이 빠지는 기분을 느꼈다. 내가 이렇게 떠들어 봐야 이 일이 우리 사회에 무슨 소용이 있겠는가 하는 생각이 갑자기 엄습해왔기 때문이다. 무엇보다, 과연 한·일해저터널 건설이 우리 한반도 경제발전과 동북아경제공동체 결성을 위해 도움이 될지 아니면 오히려 위해가 될지 정확히 예견할 수 없는 불확실성 때문에 본인 스스로도 때때로 많이 갈등해 왔던 게 사실이다.

그런데 최근에 이르러 나는 중국 시진핑 정부가 취하고 있는 글로벌 '가오톄(高鐵: 고속철도) 외교'의 확장을 보면서 큰 위기감을 느끼는 만큼, 반드시 한·일해저터널을 전제로 하는 한·중·일 광역교통망을 짜야 한다는 생각이 더욱 절실해졌다. 그 연유는 6월 30일 자 「주간조선」을 읽고 나서다. 시진핑 주석의 방한이 있기 직전에 발간된 「주간조선」 2313호 표지의 제목이 이랬다.

「주간조선」 2313호(2014.6.30)

"시진핑의 숨은 어젠다, 한·중해저터널"

내용인즉, 시진핑이 복건성(福建省) 당서기로 있을 때 대만과 중국 본토와의 해저터널 건설에 관여했고, 현재 최종 준비단계에 있는 산둥반도 옌타이~요동반도 대련 간 123㎞의 해저터널 건설에도 관여하고 있을 뿐만 아니라, (조금 전에도 언급했지만) 아시아나그룹 총수인 박삼구 한·중우호협회장을 통하여 한국 정부와도 심도 있는 막후 교섭을 해온 것도 시진핑 정부 요인들임을 자세히 기록하고 있다.

만일 이런 구상(한·중해저고속철도 건설)이 현실적인 대안으로 구체화된다고 가정했을 때 오는 가장 큰 리스크는, 한국경제가 '중국 변방경제권으로 추락한다'는 점일 것이다. 다시 말해 블랙홀과 같은 중국의 거대경제권에 우리 경제가 완전히 예속되어버리는 사태가 올 것이라는 점이다. 이는 불을 보듯 확실하다. 지금도 23% 이상 중국 경제에 의존하고 있는 실정이 아닌가. 중국이 한 번 헛기침만 해도 한국은 독감이나 폐렴에 걸릴 정도가 되어버렸으니 말이다.

이러한 힘의 논리에 의해서 중국에 편향되는 것을 방지하기 위해서 한·중해저터널과 동시에 진행해야 하는 것이 한·일해저터널이다. 어느 한 노선으로 국한됨으로써 오는 불균형을 극복하면서 동시에 한반도가 중국 대륙과 일본 열도를 상호 소통시키는 '중간 매체 지역'으로서의 역할을 하게 하는 것이 안정적인 국가발전 전략이 될 것이다. 더욱이 이와 같은 실질적인 인프라 건설은 동북아 광역교통망 건설사업의 중심축이 되어 한반도가 자연스럽게 동북아경제공동체의 몸통이 되게 할 것이다.

아무튼 나는 복잡다단한 심정으로 '한·중·일해저터널'에 얽힌 여러 가지 상황을 설명해 주면서, 다시 한 번 우리 한반도는 일본이나, 중국 어느 한쪽 편에만 매달려 있으면 결국 상대방의 정치, 경제, 군사력에 예속되어 버리는 결과가 올 것이라는 점을 힘써 강조하지 않을 수가 없었다.

이런 관점에서 주창하는 한반도국가발전전략이 곧 'Two Wings Strategy'이다. 즉 독수리같이 양 날개를 펼치며 비상하자는 전략이다. 중국과 일본이라는 두 강대국 사이에 끼어있는 넛 크래커 또는 샌드위치 같은 신세를 극복하고 새로운 역사 전환을 꾀하기 위해서는 우리가 먼저 주도적으로, 적극적으로 양국을 우리의 양쪽 어깨에 매다는 공격적 시도를 해야 된다고 믿어진다. 그래서 결과적으로 한반도가 몸통과 같은 중추적 역할을 감당해서 한·중·일경제공동체, 곧 유기적이고 운명공동체적인 지역경제통합구조를 형성함으로써 동북아 번영과 평화협력사회의 기초를 공고히 하는 기능주의적 토대 구축작업을 시도해야 한다는 내용이다.

이러한 신념과 비전이 나의 '동양평화사상'의 기저에 깔려있는 기본 철학이다. 그리고 이러한 생각을 상징적으로 예표하는 사안이 곧 한일·한중해저고속철도를 복합적으로 연결하는 동북아광역교통망 건설사업이다. 여기에 스마트 그리드와 같은 광대역 전력망과 에너지망을 복합적으로 연계시키고, 이와 동시에 한·중·일 FTA, 두만강유역개발사업(GTI), 동북아개발은행, 캠퍼스 아시아(유럽 에라스무스 운동과 같은 초국경 인재 교류 프로그램) 등과 같은 융복합형 기재(機材)를 중층 구조 형태로 쌓아가는 과정이 곧 동북아공동체사회로 나아가는 길이 아니겠는가. 그 중간지대에서 중추적 역할을 감당해야 하는 지역이 곧 한국과 북한을 포함하는 한반도이며, 그럴 때 비로소 우리 남북한 간에도 정치, 경제, 사회적 통합 과정을 거치며 '통일국가'를 이루는 전환기적 '기회'를 창출할 수 있을 것이라는 주장이 나의 '한반도 통일관'이다.

외도 관광 안내 표지판

마침내 우리 일행들을 태운 미니버스가 구조라항에 도착했다. 선착장으로 갔더니, 여기저기에 많은 관광객이 모여 있고, 대부분이 우의를 착용한 채 줄을 서 있었다. 외도로 가는 배를 타기 위해 대기하고 있는 모습이다.

다행히 외도로 가는 항로의 파도가 그리 높지 않아 배가 출항할 수 있다고 하니 천만다행이었다. 그러나 외도를 지나 거제도에 있는 또 하나의 명소인 '해금강' 관광은 파도가 높아 도저히 갈 수 없다는 방송이 연이어 나오고 있었다. 우리는 '세상에서 가장 아름다운 섬, 외도'만이라도 구경할 수 있다는 데 감사한 마음이 들었고 아쉬움이 풀리는 심정이었다. 얼마 지나지 않아 드디어 외도로 가는 '거북선호'라는 이름의 유람선에 승선하게 되었다. 그 때가 10시 반이었다.

외도해상공원 기념관 내 소개 자료

세상에서 가장 아름다운 섬, 외도

"고(故) 이창호는 1934년 평안남도 순천 태생으로 1.4 후퇴 때 맨손으로 월남하였다. 고려대 수학과를 졸업하고 서울 성신여고에서 8년간 교사로 활동하였다. 그 후 동대문시장에서 의류 원단사업을 활발하게 펼치다 우연한 기회에 맺어진 외도와의 인연을 시작으로 30년이 넘는 세월 동안 척박한 바위섬을 '지상의 낙원'으로 탈바꿈시킨 역사의 주인공이다. 그는 인생 전부를 외도를 위해 바쳤으며, 2003년 3월 1일 고인이 된 마지막 순간까지도 외도를 위해 일을 했다.

부인 최호숙은 1936년 경기도 양주에서 농부의 딸로 태어나 서울 사범과 성균관대 국문과, 이화여대 대학원을 졸업하고 18년간 초등학교 교사로 재직하였다. 그녀는 남편과 함께 외도를 일

외도해상공원

구기 시작, 어느새 외도에 있는 풀 한 포기와 나무 한 그루, 돌 하나에 이르기까지 그녀의 손길이 닿지 않은 곳이 없게 되었다. 남편의 별세로 홀로된 이후 지금까지 그녀는 외도를 위해 온 열정을 쏟아 붓고 있다."

이상은 '외도해상공원' 기념관에 진열된 두 부부의 이력을 전문 그대로 옮겨 쓴 글이다.

내가 외도의 풍경과 감상 및 정취를 논하기 전에 이분들의 이력을 먼저 전하는 이유는, 이분들이 가꾸어 놓은 외도가 '세상에서 가장 아름다운 섬'일지라도 그것은 눈에 보이는, 세상에 드러난 현상(現象)이지만 그 현상 속에 내재하는 두 부부의 정신적 가치, 즉 자연과 인공을 하나의 합목적(合目的)적인 예술 작품으로 승화시켜 놓은 그 놀라운 융합형 가치 지향의 인생을 무엇보다 소중히 여기며 마음에 깊이 새겨두고 싶기 때문이다.

조선족 김학명 씨 가족

해마다 겪는 태풍과 그로 인한 좌절을 딛고 30여 년 만에 '불가능한 낙원', '땅 위의 천국'이라 불리는 아름다운 해상공원을 가꾸어 낸 이들의 입지전적인 노력과 불굴의 의지는 문자 그대로 '오지를 천국'으로 변화시킨 神의 한 수와도 같은 '인간 승리'다.

1995년 개장한 이후 현재 해마다 100만 명 이상의 관광객을 불러 모으는 남해안 최대의 관광지가 된 외도의 매력은 바로 이러한 '인간 승리'의 정신적 가치가 곳곳에 혈맥처럼 흐르고 있기 때문이며, 그래서 '비밀이 숨어 있는 정원'으로 모양을 갖추어 가는 사이에 '비너스 가든', '천국의 계단' 등과 같은 신비한 이름을 달고 수많은 관광객을 유혹(?)하는 명소가 되어 있는 것이다.

동행한 김학명 씨는 눈물을 글썽거릴 정도로 즐거워하고 기뻐했다. 비가 많이 와서 혹시나 외도 구경을 하지 못 할까 봐 노심초사했는데, 이렇게 좋은 구경을 가족들과 같이할 수 있게 되었으니 기분이 얼마나 좋았겠는가! 섬에 도착해서 한 시간 반 정도 관람하는 동안, 하늘이 도와서 그런지 비가 그치고 날씨가 아주 평온해졌다.

김 씨는 가족들을 이리저리 줄지어 세우면서 사진을 찍어주기에 여념이 없었다. 우리 내외가 자청해서 번갈아가며 '찍사' 노릇을 해 주었다. 우리 내외 역시 고맙고 기쁘기 한량이 없는 심정으로 외도 관광을 즐겼다.

그런 가운데 정상부에 있는 커피숍에서 따뜻한 차 한 잔을 나누며 종업원과 대화할 시간이 있었다. 내가 물었다. "여기에 계시면서 제일 좋다고 느낀 점이 뭡니까?" 뜻밖에 30대 여성의 대답이 마음에

최호숙 외도해상공원 대표의 저서
(2006년, 김영사 출판)

깊이 와 닿았다. "좋다고 하고 찾아오시는 분들이 많아서 참 좋아요. 그게 제일 좋아요." 그래 맞다. 그 대답이 가장 맞는 것 같다.

이창호·최호숙 부부가 30년을 넘기면서 가꾸어 온 이 외도가 비록 세상에서 가장 아름답게 공들여 꾸며 놓은 섬이라 할지라도, 아무도 찾아와 주지 않는다면 그 무슨 소용이 있겠는가. 결국은 찾아오는 사람들이 많기 때문에 더 가치 있고 유명해진 외도가 된 것이다.

우리의 인생도 이렇지 않을까? 우리가 애써 가꾸고 길러온 그 '무엇'을 세상 사람들이 공정하게 평가하고 인정해 줄 때 비로소 그 '무엇'은 제대로 가치와 의미를 향유하게 될 것이다. 결코 위선적인 홍보나 가식적인 자랑을 일삼고자 하는 게 아니라, 진실과 순수함으로서의 감화력 있는 공감대가 형성될 수 있도록 하는 '진정성의 소통과 전달'은 우리의 삶을 더욱 아름답고 풍요롭게 만들어주는 '발효공정(醱酵工程)'임에 틀림없다.

그런 생각이 들자 나는 내가 왜 외도를 찾아왔는지 번쩍 정신이 들 정도로 일순 깨달음이 왔다. 그것은 우리 모두 각자의 삶에 있어서 남다른 '외도'를 하나씩 가꾸고 향유하는 '멋진 인생'을 살아보자는 각성이었다. 그렇다면 내 인생에 있어서의 '외도'는 무엇인가? 글의 지면을 줄이기 위해 빨리, 한 마디로 답해 보련다. 내 인생 후반전

중국 최초의 국제사립대학 연변과기대(연길시 북산가 언덕)

남·북 간 합작 국제대학 평양과기대(평양직할시 낙랑구)

에 있어서 나의 '외도'는 바로 25년째 자비량 봉사로 사역하고 있는 연변과학기술대학(YUST)과 이에 결속하여 세운 평양과학기술대학(PUST)이다. 중국과 북한에 설립·운영하고 있는 두 대학을 통해 한반도 통일과 동북아공동체 사역을 감당하고 있는 이 남다른 인생 역정과 행로야말로 내 인생 후반전에 있어서 가장 아름답고 행복한 '외도'일 수 있다. 할렐루야!

나는 잠시 이런 생각에 빠져 있다가, 돌아가야 할 시간이 다 되었다는 아내의 전갈에 몸을 일으켜 세우면서, '외도'라는 섬이 비행접시가 되어 우주공간으로 날아오르는 듯한 착각(?)을 느꼈다. 그만큼 외도는 나에게 도전적인 새로운 감흥과 기쁨을 선사해 주었다. 이런 점은 나뿐만 아니라 아내도 동일했다.

거제포로수용소 유적공원

외도 관광을 마치고 구조라항으로 돌아온 일행들은 가이드의 안내를 받아 인근 식당에서 해물탕으로 맛있게 점심을 먹었다. 비가 그치는가 하더니 또 궂은비가 다시 오는 가운데, 우리 일행들은 '거제포로수용소 유적공원'을 방문했다.

2만 평 가까운 부지에 많은 시설이 전시되어 있었다. 비가 왔지만 외지에서 온 관광객들이 한 가지라도 더 보고 갈려고 진지한 태도로 꼼꼼히 관람하는 모습이 보기에 좋았다.

참고사항으로, 거제포로수용소의 설립 경위와 친공 및 반공포로들 간의 유혈사태, 소요 및 폭동 사건, 피해 참상 그리고 폐쇄될 때까지의 운영 실태를 「두산백과」에서 발췌하여 독자들에게 기록으로 남긴다.

거제포로수용소 유적공원 전시관 입구

"1950년 발발한 6·25전쟁 중 유엔군과 한국군이 사로잡은 북한군과 중공군 포로들을 수용하기 위하여 설치하였다. 거제도에 포로수용소를 설치하기로 결정한 데에는 섬이라는 지리적 조건으로 포로 관리에 인력과 경비를 최소화할 수 있다는 점, 급수가

용이하다는 점, 포로들이 먹을 식량을 재배할 수 있는 장소가 있다는 점 등이 고려되었다. 포로 수용 규모는 처음에는 6만 명이었으나 나중에 22만 명으로 확대되었다.

1950년 11월부터 섬의 중심부인 일운면 고현리(지금의 거제시 고현동)를 중심으로 용산리·장평리·문동리·양정리·수월리·제산리와 연초면의 임전리·송정리 그리고 동부면 저구리 일대의 총 1,200만㎡ 부지에 수용소를 설치하는 공사가 시작되었다.

이와 함께 부산에 있던 포로들을 이송하여 1951년 2월 말에 이미 5만 명의 포로를 수용하였고, 1951년 6월 말까지 북한군 15만 명, 중공군 2만 명과 의용군 그리고 여성 포로 300명 등을 포함하여 최대 17만 3천 여 명의 포로를 수용하였다.

포로수용소는 한국군과 유엔군의 경비하에 포로자치제로 운영되었는데, 포로 송환 문제를 놓고 북한으로 송환을 거부하는 반공포로와 송환을 희망하는 친공포로로 갈려 대립하였으며 유혈사태를 빚기도 하였다. 친공포로들은 수용소 내부에 조직을 만들어 소요 및 폭동 사건을 일으켰으며, 1952년 5월 7일에는 친공포로들이 수용소장 프랜시스 도드(Francis Dodd) 준장을 납치하는 이른바 거제도포로소요사건을 일으켜 한 달이 지난 6월 10일에야 무력으로 진압되었다.

유엔군 사령부가 반공포로와 친공포로를 분리 및 분산하기로 결정함에 따라 1952년 8월까지 북한으로 송환을 희망하는 포로들은 거제도를 비롯하여 용초도·봉암도 등지로, 송환을 거부하는 포로들은 제주·광주·논산·마산·영천·부산 등지로 이송되어 소

거제포로수용소 유적공원 내 전시시설

규모로 분산되었다. 이후 1953년 7월 27일 정전협정이 조인된 뒤 33일간에 걸쳐 거제도에 수용된 친공포로들이 모두 북한으로 송환됨에 따라 포로수용소도 폐쇄되었다.

잔존 건물의 일부만 남아 있던 포로수용소 유적은 6·25전쟁의 참상을 말해주는 민족역사교육장으로 가치를 인정받아 1983년 12월 경상남도문화재자료 제99호로 지정되었고, 1995년부터 유적을 공원화하는 사업이 추진되었다. 유적공원은 1998년 9월에 착공하여 1999년 10월 1차로 유적관을 개관하였고, 2002년 11월 완공하였다."

반공포로석방 사건의 의의

상기 문단에서 보듯 전쟁포로 문제는 수용 및 관리, 송환 협상 및 이행 절차 등 여러 면에서 고통스러울 정도로 큰 어려움이 많았다. 그런 가운데 이승만 대통령과 국제연합군 및 미국과의 휴전 외교 협상이 난항을 겪는 가운데 드디어 특별한 사건이 터지고 말았다. 그것이 곧 이승만 정부가 결행한 '반공포로석방 사건'이다. 필자는 군복무 시절(1970년~1972년, 영남대 학훈단 조교로 복무) 반공포로석방 사건이 주는 민족사적 의의와 이승만 대통령의 정치외교적 결단을 높이 평가하여, 남·북 진영 간의 사상적 투쟁과 갈등을 극복하기 위한 제3의 인문학적 접근방법으로 소설 한 권 (제목: 돌아오지 않는 다리)을 써 본 경험이 있다.

우선 이승만 대통령이 결행한 반공포로석방 사건의 전모를 개략적으로 살펴보기로 하자(두산백과 참조).

"1953년 6월 18일 새벽 0시를 기하여 대통령 이승만(李承晩)이 남한에 수용 중인 북한 및 남한 출신의 반공포로를 석방한 사건이다.

1953년 6월 8일 판문점휴전회담에서 체결된 '포로송환협정'에는 귀향을 원하는 포로를 휴전 성립 후 60일 내에 송환하기로 되어 있었다. 그러나 한·미방위조약 체결 전에는 휴전할 수 없다고 반대하던 이승만은 반공·애국 동포를 북한으로 보낼 수 없다고 강력히 주장하며 그 협정을 묵살하였다.

마침내 이승만은 포로 석방을 단행시켜, 영천·대구·상무대·논산·마산·부산·부평 등 7개 수용소에 있던 3만 7000명 중 2만 7092명의 반공포로 석방을 21일까지 완료하였다. 그리고 한국의 요구가 관철되지 않으면 휴전교섭 파기를 위한 보다 강력한 조치를 취하겠다는 강경한 태도를 보였다.

미군 감시원을 내쫓으면서 강행된 이 사건은 온 세계에 큰 충격을 주어 국제연합군 긴급회의, 영국의 긴급내각회의, 한국전참전국회의 등을 열게 하였고 휴전을 낙관시하던 미국으로 하여금 이승만의 동의 없이는 휴전이 어렵다는 것을 절감하게 하였다.

북한은 석방포로의 재수용을 요구하였으나 한국은 완강히 거절하였다. 한편 미국이 체결한 협정을 한국이 깨뜨렸기 때문에 한·

미 간에도 갈등이 생겼으나 6월 25일 내한한 미국 국무부 차관보 로버트슨과 절충한 끝에 원만한 해결을 보았다."

고백하건데, 필자는 군 복무 중 1년 동안 소설을 쓸 당시에 거제 포로수용소 현장에 한 번도 가 보지를 못했고, 그 후에도 장승포, 충무, 고성 등에 잠깐 회사용 출장을 다녀간 경우는 있었지만 이 지역을 의도적으로 탐방해 볼 기회가 없었다. 그리고 소설 구성에 필요한 참고자료로는 6·25전쟁 관련 국방부(육본) 문건 자료와 해외 외교문서, 포로 석방 수기 등을 약간 참조했을 뿐이다. 여기에 작가 나름의 소박한 상상력과 전쟁 중에 있을 만한 러브 스토리를 버물려 '습작'형태로 쓴 글이기 때문에 문학적 가치는 별로 없었다고 자평해본다.

다만, 군 복무중이지만, 한국역사에 대한 새로운 인식과 국가관을 갖고 '6·25전쟁' 이라는 우리 민족 최대의 동족상잔 비극과 공산·자유 진영 간의 사상적 대립 및 갈등의 폐해를 어떤 형태로던 극복해

이승만 대통령 초상화를 들고 행진하는 반공포로 (1953.6.18)

보려는 철학적, 애국적, 인도주의적인 의지만은 높이 평가해 줄만하다고 본다.

그 습작물은 불행히도 탈고 시점에 불태워 없애버리고 말았지만, 언젠가 완성도 높은 전쟁소설로 다시 한 번 재구성해 보고 싶은 의욕이 남아 있다. 「돌아오지 않는 다리」의 줄거리는 대략 이러했다.

미완의 소설, 「돌아오지 않는 다리」

"1950년, 주인공 김하빈은 평양의대를 졸업한 후 대학병원에서 인턴 코스를 밟고 있었다. 6·25직전에 차출되어 군의관으로 근무한지 한 달도 안 되어 인민군과 함께 38선을 넘었다. 여주인공 최정희는 중학교 교사로 복무 중 타자수로 차출되어 인민군 부대장의 행정비서로 참전했다. 두 사람은 서울 점령 시 지휘관 회의 때 만난 이후 상호교감을 나누며 연인관계로 발전한다.

낙동강 전선에서 공방전을 벌이고 있을 때 김하빈은 미군기의 공습으로 다리에 큰 부상을 입었고, 이후 맥아더 장군의 인천상륙작전 성공으로 인민군이 퇴각할 때 부상병들과 함께 유기 당한다. 최정희는 상관인 부대장 이진철의 강제로 본의 아니게 김하빈과 헤어진다.

마을에 숨어 있던 김하빈은 다른 부상병들과 함께 미군의 포로가 되어 대구, 부산을 거쳐 거제포로수용소에 수용된다. 의사 신분으로 포로생활 2년을 지내는 동안 온갖 고초를 겪었으며, 친공 집단과 반공 집단 사이에서 처절한 사상적 갈등과 학살, 소요사건 등의 참상을 경험한다. 그러다가 친공 집단으로부터 테러를 당할 위기에 처하자 김하빈은 포로수용소를 탈출하여 구조라항 등대로 피신한다. 거기서 등대지기의 딸 손인숙을 만나 헌신적인 도움을 받는다.

심신을 회복한 김하빈은 손인숙의 안내로 거제도를 떠나 부산으로 가서 한미합동헌병대에 자수한다. 조사과정에서 거제포로수용소의 참상이 상부에 보고된다. 그 후 김하빈은 수복된 서울로 이송되어 육군 본부와 기무사 요원들로부터 재조사를 받았고, 어느 날 경무대로 불려간다. 거기서 이승만 대통령을 만난다. 그 후 김하빈은 대통령 특명으로 국군 의무장교로 보임을 받고 반공포로석방을 위한 특수 임무에 중요 인물로 참여한다. 드디어 6월 18일, 반공포로석방 사건이 일어난다. 당시 영국 처칠 수상이 면도를 하던 도중에 급보를 듣고 놀라서 얼굴을 다쳤다는 일화가 전해질정도로 이 사건은 세계를 경악시켰다.

그동안 김하빈의 연인 최정희의 역경도 사뭇 컸다. 낙동강 전선에서 퇴각할 때 부대장 이진철로부터 폭력을 당하며 북쪽으로 끌려가다시피 한 최정희는 그 다음해 중공군의 개입으로 다시 남하 할 때도 이진철의 부관 겸 정부(情婦)로 인민군 진영에서 복무한다. 중공군의 전투 지원으로 충청도 일대 중부 전선까지 내려온 이진철 부대는 전쟁이 장기화되면서 한국군과 UN군의 공세에 막혀 보급로가 차단되자 덕유산 빨치산부대로 편입되어 장기 전선을 꾀한다.

그 후 빨치산 부대에 잔류하고 있는 동안 이진철의 아이를 출산한 최정희는 공산게릴라들이 인근지역에 출몰하여 평민 학살을 일삼는 만행을 보고 심한 정신병을 앓기도 한다, 그런 중에 빨치산을 토벌하기 위한 한국군 및 경찰의 집요한 공격으로 이진철부대도 많은 피해를 입었으며, 이 과정에 이진철이 전투 중에 사망한다.

어린아이를 등에 업은 채 능선을 따라 도망치던 최정희는 결국 국군토벌대에 붙잡혔고, 나중에 다른 게릴라 생존자들과 함께 대전감옥소로 수감된다. 그런 과정에 부대장의 정부(情婦)라는 신분이 탄로 나면서 처형 위기에 놓인다. 그때 최정희의 처지를 불쌍히 여긴 군목(軍牧) 김성진 소령이 구명운동을 펴 처형 직전에 간신히 구제된다. (이때 최정희는 기독교 복음을 처음으로 접한다.)

UN군과 북한 인민군 간에 포로 송환협정이 타결되자, 이 소식을 접한 최정희는 자진해서 북쪽으로 돌아갈 의사를 표시했다. 당시 귀환 의사를 밝힌 포로들의 건강상태와 심리전을 총괄하고 있던 김하빈 대령은 포로심사 현장에서 마침내 최정희와 극적인 재회를 하게 된다. 그 후 최정희는 김하빈의 권유로 남한에 체류할 뜻을 비쳤으나, 김하빈을 돕고 있는 구조라항 등대지기의 딸 손인숙을 만나본 다음에는 모든 것을 포기하고 북한으로 돌아갈 것을 결심한다.

1953년 6월말, 드디어 남북한 포로 송환이 실시되었다. 김하빈과 손인숙은 「돌아오지 않는 다리」가 있는 강 언덕 위에 올라 저 멀리 북으로 떠나는 최정희를 송별한다."

소설의 제목 「돌아오지 않는 다리」는, 사랑하는 남녀의 운명적 이별, 전쟁과 평화, 이승과 저승, 생과 사의 갈림길에서 몸부림치는 인간군상(群像)의 한계상황, 그리고 친공포로와 반공포로 간에 벌어진 피비린내 나는 이념 갈등의 상흔들을 상징하며, 존재의 본향으로 돌아가지 못하고 방황하는 인간 실존(實存)의 비극을 예표하는 메타포(metaphor)로 이해해 주면 좋을 것 같다.

아마도 내 기억에 소설은 이렇게 끝난 것 같다.

> "당신을 잊을 수가 없어요. 그러나 내가 떠나는 것이 당신을 위해 좋을 거예요. 나…. 정말이지, 떠나기 싫어요, 그러나 가야 해요. 내가 여기 있으면 안돼요. … 사랑해요. 나를 잊지 말아줘요. 난 당신만 생각하며 이날까지 살아왔어요. 다시…. 올께요. 다시는 돌아올 수 없겠지만, 그래도 난. 항상 당신 곁으로 돌아올 거예요. 영원히…. 영원히 당신 곁으로 돌아올 거예요."
>
> 김하빈의 품에 안겨 콧물까지 흘리며 서럽게 울던 최정희는 그렇게 「돌아오지 않는 다리」를 건너 떠나갔다.

돌아올 수 없는 길임을 알면서도 다시 돌아오고 싶다고 말하는 최정희의 고백은, 그의 개인적 비극일뿐만 아니라 우리 모든 인간들에게 주어진 실존적 한계상황임을 일러준다. 전쟁, 죽음, 생이별, 남북 분단상태, 거역할 수 없는 국제정세의 흐름 등 이 모든 한계상황 속에 갇혀 있는 민족적, 국가적 상흔의 덫을 벗어날 수 있는 길은 없는가?

도대체 언제쯤이면 이 처절한 한계 상황으로부터 풀려날 수 있을까? 통일시대가 오면, 통일이 되면 이 검은 상흔이 지워질까?

오! 하나님!

「돌아오지 않는 다리」 위로 남북한 간에 새로운 화해와 소통의 재결합이 이루어지게 하시고, 이를 통해 죽음의 껍질을 뚫고 자유와 평화의 노래가 온 천지에 울려 퍼지는 그날이 어서 빨리 올 수 있도록 도와주세요.

그래야만 혹여 그때쯤이면, 저렇게 슬피 울며 떠났던 최정희도 꽃단장을 하고 다시 연인의 품으로 돌아오는 기적이 일어날지도 모르지 않겠습니까. 우리를 진정으로 하나의 몸으로 되살아나게 하는 부활의 생명을 허락해 주시옵소서.

'명량대첩'으로 이어지는 1박 2일의 '특별한 휴가'

이번 여행은 기대 이상으로 많은 추억과 민족적 정감을 느끼게 했다. 또한 새로운 희망과 각성을 깨닫도록 만드는 정신적 활력소 같은 휴가가 되었다. 거제포로수용소 유적공원을 관람하고 부산으로 돌아오는 길에 나는 조선족 일행들에게 그런 정신적 활력을 전수해 주기라도 하듯 한반도 통일을 위해 조선족 사회가 얼마나 중요한 역할을 감당할 수 있을 것이며, 또한 그 사명이 얼마나 고귀한 일인가를 애써 강조했다.

중국에 있는 조선족들은 중국과 북한, 중국과 한국 사이를 오가며 얼마든지 유용한 매체 역할과 중간 기능을 담당할 수 있다. 다시 말해, 중국 개방이후 지금까지 경제·문화·인적교류를 하는 데 있어서 가장 유용한 중간 통로역할을 해 주었을 뿐만 아니라 향후 통일문제를 풀어 가는 데 있어서도 그 어느 집단보다 생산적이고 융합적인 매체기능을 발휘할 수 있는 인재집단이라고 설명했다. 이런 점을 애써 강조하면서, 나는 그들에게 한 가지 더 중요한 사실을 일깨우며 부탁조로 말을 이어 갔다. 그것은 다름 아닌 탈북민과 조선족 간의 화합이다.

북한이탈주민 즉, 탈북민들과의 관계에서 조선족 사회가 '큰 집', '형님 댁'이라는 개념으로, 지금까지도 잘해왔지만 앞으로 더욱 중요한 일을 함께 도모하기 위해 좀 더 넓은 이해와 아량으로 이들을 적극 끌어안아주기를 요청했다. (과거)일제강점시대와 (현재)북한통제사회를 통해 역사적 고통을 같이 감내해 온 동병상련의 형제로서, 이제 얼마 있지 않으면 도래할 한반도 통일시대를 대비하는 차원에서 한마음의 동지로, 한 시대의 동역자로 힘을 합쳐 나가는 선한 일꾼이 되어달라는 부탁을 했다.

그러면서 어차피 한 번 사는 인생, 우리 이런 큰 뜻을 품고 열심히 살아가면서, 각자의 인생에서 '외도'와 같은 멋진 작품을 하나씩 남겨보자, '외도'를 가꾸듯 자식들을 잘 교육하고, 이웃과도 잘 소통해서 당대에 행복한 가정을 이룰뿐만 아니라 대대로 명문 가정을 일으키는 진정한 의미의 인생 승리자가 되어보자고 격려했다.

실은, 이 말은 나 자신에게 스스로 하고 싶었던 격려의 말이기도 하다. 나도 모르게 열을 올리며 일장 훈시와도 같은 스피치를 하게 되었는데, 의외로 다들 싫어하지 않고 진지하게 들어주었을 뿐만 아니라 나중에는 박수까지 쳐 주었다.

그러는 동안에 미니 버스가 거가대교와 가덕도, 명지공단, 을숙도를 지나 부산시내로 진입했으며, 마침내 자갈치 시장에 당도하여 마지막 저녁 식사를 마쳤다. KTX 출발시간이 임박한 관계로 쉴 틈도 없이 곧장 부산역으로 돌아온 우리 일행들은 역사 대합실 로비에서 아쉬운 작별인사를 했다. 조선족 김학명 씨 가족들과 일일이 악수를 하며, 1박 2일간의 아름다운 인연을 마음에 되새기는 '이별의 정'을 나누었다. 행복한 모습으로 돌아가는 그들을 바라보며 우리 두 내외도 너무나 기분 좋은 감흥을 느꼈다.

여행이 주는 즐거움도 있었지만, 여행을 함께하는 사람들과의 관계가 이처럼 소중한 것이구나 하는 점을 다시 한 번 깨닫는 여행이 되었기 때문이다.

짧은 1박 2일의 여정이었지만, 부산 해운대를 출발하여 광안대교/부산항대교/영도/남항대교/송도/을숙도대교(낙동강 하굿둑)/가덕대교/부산신항/거가대교/거제도에 이르는 '블루오션 브릿지'의 대로를 통행하며, 동북아경제공동체의 관문수역인 '거부경제권(巨釜經濟圈)'을 기반으로 하여 새로운 21세기 한반도의 미래상을 꿈꾸게 된 것, 참으로 귀하고 행복한 '사건'이 아닐 수 없다.

그래, 이 꿈을 많은 사람들과 함께 나누자.

혼자서 꾸는 꿈은 개꿈으로 끝나지만, 여럿이서 함께 꾸는 꿈은 '현실'이 된다고 하지 않는가.

이 책을 읽는 독자 여러분!

한반도 통일과 동북아공동체의 이상을 위해 우리 다 함께 꿈을 나누고, 그 꿈을 현실화 시키는 과정에 각자 멋진 '외도' 하나씩 가꾸어 보지 않으시렵니까. '세상에서 가장 아름다운 섬'으로 우리의 인생을 다시 한 번 새롭게 가꾸어 보지 않으시렵니까.

KTX를 타고 올라가는 기차 안에서 나는 이런 여망과 도전적인 집념을 되뇌이며, 1박 2일 휴가가 끝나는 다음날인 8월 15일에 있을 '특별 이벤트'에 대한 기대로 마음이 더욱 설레었다.

그것은 다름 아닌 영화 〈명량〉을 단체 관람하고, 이어서 영화관 인근에 있는 강남 터키전문음식점(파샤)에서 오찬을 함께하는 프로그램이 준비되어 있었기 때문이다.

제 69주년 8·15광복절 기념행사로 동북아공동체연구재단에서

8·15광복절 기념행사 '번개팅'(2014.8.15)

북한이탈주민, 중국동포(조선족), 중국인, 일본인들을 중심으로 선착순 30명 규모의 '번개팅'을 기획한 것이다.

목적은, 세계 해전 역사상 가장 위대한 전투 중의 하나인 '명량대첩'을 승리로 이끈 이순신 장군의 기개와 전략과 희생정신을 오늘에 되살려 우리들이 제2의 광복, 즉 한반도 통일에 이르는 길목을 지키는 '시대의 역군'이 되어보자는 취지로 특별 모임을 가지려 한 것이다.

> "살고자 하면 죽을 것이요, 죽고자 하면 살 것이다(必生卽死 必死卽生)"

진실로 가슴 떨리는 멸사봉공(滅私奉公)의 신념이요, 온몸을 불사르는 '거룩한 헌신'의 열정이다. 지금도 귓가에 쟁쟁하게 들려오는 충무공 이순신 장군의 '호국명령'을 우리 회원들 모두가 '신성한 결단'으로 받아드릴 수 있게 되기를 바라며, 나는 마음속으로 1박 2일간의 특별 휴가를 마치는 마지막 독백으로 이렇게 기도했다.

영화 〈명량〉

하나님, 제게도 아직 12척의 배가 남아 있습니다. 일할 수 있는 연한이 아직도 12년은 족히 남아 있으며, 함께 일할 자식과 이웃들도 최소한 12명은 됩니다. 그리고 무엇보다 제게는 예수님을 따르는 12명의 사도들이 영원한 생명으로 살아 있어서 늘 저와 함께 신앙의 동역자가 되어 주시니 제가 무엇을 두려워하겠습니까.

그러하오니 하나님! 저에게 분단된 한반도의 사막에 강을 내고 각축하는 동북아의 광야에 길을 내는 비전과 능력, 그 아름다운 지혜와 빼어난 용기를 더하여 주십시오. 그리하여 통일의 그날이 오기까지 '동북아 블루오션'의 길목을 지키는 선봉장이 되게 하옵시고, 마침내 우리 한반도가 새의 양날개를 퍼덕이듯 중국과 일본을 양 어깨에 매달고 저 푸른 창공으로 비상하는 독수리의 몸통이 되게 해 주시옵소서!

KTX가 서울역에 도착한 시간은 8월14일 밤 9시 40분이었다. 긴 여행을 다녀 온 듯한 감회와 기분 좋은 피로가 한꺼번에 밀려왔다.

2014. 9. 5.

개천절 아침의 결단 | 환단고기에 얽힌 집안 내력 | 정상에 뿌리 내린 소사나무의 기상 | 참성단에서의 기도 | 개천절 다음 날의 긴급뉴스

3장

마니산 참성단에 올라 하늘을 우러러 보다

3. 마니산 참성단에 올라 하늘을 우러러 보다

개천절 아침의 결단

아침에 눈을 뜬 후 오늘은 공휴일인데 무엇을 할까 잠시 생각하다가 그냥 먹고 노는 무위도식형 공휴일이 되어서는 안되겠다는 어떤 분노같은 각성이 치밀어 올랐다. 국가 차원에서도 그렇겠지만 개인적으로도 정신적 건강을 위해 무엇인가 특별히 의미 있는 개천절을 보내고 싶어졌다.

나는 아침 식사를 마치는 대로 집사람의 눈치를 살피며 이렇게 꼬셨다.

"오늘 개천절인데 우리 강화도 마니산에 가서 기도하고 옵시다. 거기가면 좋은 구경꺼리도 있을 거고 갔다오는 길에 강화농업센타에 들러 약쑥 좌훈체험도 하고 또 풍물시장에 들러 생선회도 먹고 오면 짱 아니겠소?"

아내도 내가 무슨 뜻으로 이러는지 잘 이해하고 있었기에 쉽게

마니산 국민관광지 입구 전경

동의해 주었다. 10시경 집을 나섰는데 김포에서 강화가는 제방도로가 몹씨 붐비고 길이 막혀 12시 반이 지나서야 '마니산 국민관광지'에 도착했다.

관광지 입구에는 '제7회 강화 마니산 개천 대(大)축제'라는 대형 아치가 세워져 있고, 광장 안에는 '농산물 큰 잔치'라고 쓴 현수막과 함께 수십 개의 천막 부스가 설치되어 각종 특산물을 선보이고 있었다. 행사를 안내하는 마이크 소리, 상품을 소개하며 호객하는 농민들과 알바 아줌마들의 고함소리, 가족들과 함께 와서 신나게 떠들며 뛰노는 아이들의 웃음소리 등이 한데 어울려 광장은 시끌벅적한 가운데 생기가 넘쳐났다.

그런 가운데 특별히 나의 관심을 끈 것은, 광장 초입에 길게 가판대를 설치해 놓고 『환단고기(桓檀古記)』라는 두꺼운 책을 잔뜩 쌓아놓은 채 이와 관련된 여러 종류의 소책자들을 함께 끼워서 책을 팔

『환단고기』 도서 판매대

고 있는 증산교 및 상생방송(STB) 관계자들의 열띤 모습이었다.

그들은 내가 조금 관심을 보이자 내 손을 끌다시피 하며 단군조선에 관한 질문서 작성과 함께 증산교에서 번역 발간한 『환단고기』 책자의 국민보급운동에 참여해달라는 서명을 요청해 왔다. 나는 잠시 망설이다가 관계자 한 사람에게 이렇게 말했다.

"실은 환단고기에 있는 '단군세기(檀君世紀)'의 저자가 나의 20대 선조이신 행촌(杏村) 이암 선생이며 나는 이 분야에 남다른 식견을 갖고 있는데 그것은 증산교에서 발간한 책의 내용과는 사뭇 다른 것이오. 그걸 참작해 주시면 고맙겠소."

그들은 나를 놀랍다는 시선으로 바라보다가 그럼 연락처라도 남겨 주시면 후일 본부에 연락을 취해 선생님을 한 번 찾아뵙도록 조치하겠다고 말했다. 나는 그것까지는 뿌리칠 수 없어 사무실 주소와 전화번호를 적어 주었다. 그런 다음 떡집 부스 앞에서 빨리 오라고 손짓하며 기다리고 있는 아내 곁으로 뛰어갔다. 거기서 쑥떡 송편을 몇

마니산 참성단으로 오르는 가파른 돌계단

개 먹는 걸로 점심 요기를 대신하고 우리는 곧 바로 마니산을 등정했다.

'계단로' 2.2㎞라고 적혀 있는 이정표를 따라 가파른 능선을 타고 올라갔다. 많은 등산객들이 오르고 또 내려왔다. 우리 두 내외는 평상복 차림이었으며 구두도 일반화였다. 애초부터 등산이라 생각지 않고 그냥 산책하러 간다는 정도의 의미로 길을 떠났기 때문에 2㎞ 남짓한 계단로를 오르는데 경사가 심하여 제법 고생했다.

특히 나는 무릎 관절이 좋지 못한데, 4년 전에 두레마을 김진홍 목사님과 CTS(기독교복음방송) 감경철 회장님이 함께 참가한 한라산 등반행사에 갔다가 하산하는 길에 왼쪽 무릎 통증으로 엄청난 고생을 한 경험이 있다. 그래서 그 후 좀체 등산을 못 하다가 이번 개천절에 특별히 마음을 먹고 마니산을 오른 케이스다. 나는 아내의 손을 붙잡아 이끌어 주며 앞장서 올라갔다 그러면서 지난날 『환단고기』에 얽힌 집안 내력을 다시 한 번 상고해 봤다.[1]

『환단고기』에 얽힌 집안 내력

선친께서 처음 테라우치 문고에 관심을 갖게 되신 건 1990년경이었다. 평생 교육공무원으로 일해 오신 아버지는 정년퇴직하

1 졸저 『누가 이 시대를 이끌 것인가』(2009년, 물푸레)에서 인용

신 뒤 종친회(고성이씨)의 일을 맡아보고 계셨다. 자연히 문중 관련 기록과 문건들을 정리하게 되셨는데, 우연히 1974년 9월호 『월간서예지』 속에서 고려 시대 송설체의 대가인 행촌(杏村) 이암(李嵒) 선생의 진적(眞跡) 중 2점이 테라우치 문고에 포함돼 있다는 사실을 알게 됐다.

선조이신 행촌 선생의 글씨는 비명(碑銘) 등을 통해 더러 확인된 경우는 있으나, 진적의 존재가 확인된 것은 그때가 처음이었다. 그 2점의 진적이 선조의 행적을 밝히는 데 중요한 문건이 되리라 생각한 아버지는 이 사실을 종친회에 알린 뒤, 종친회의 관심과 지원 속에서 행촌 선생의 진적을 찾아 나섰다. 하지만 일제강점기 초대 총독이었던 테라우치 마사타케(寺內正毅)가 수탈해간 문고의 소장 유물이 어디에 보관되어 있는지 알 수 없었다. 아버지는 7개월간 애를 태우다가 겨우 테라우치 문고 유물들이 일본 야마구치현에 있는 야마구치여자대학에 보관되어 있다는 사실을 알게 됐다. 그 소식을 듣자마자 아버지는 일본 야마구치여자대학으로 달려갔고, 그렇게 테라우치 문고와 조우하게 되었다. 이 만남은 이후 아버지의 후반 생애를 관통하는 전환점이 됐다.

한국으로 돌아온 아버지는 절친한 친구였던 박영석 국사편찬위원장에게 이 사실을 알렸다.

이후 박 위원장과 아버지는 이 유물 환수에 뜻을 같이하고 국회 한·일친선협회와 한·일의원연맹 등을 통해 공식적인 반환 작업에 착수했다.

그런 즈음 결정적인 협력자가 나타났다. 바로 경남대학교였다. 당시 경남대학교는 개교 50주년(1996)을 앞두고 기념사업의 일환으로 해외로 유출된 문화재의 환수 작업에 관심을 갖고 있었다. 박재규 총장을 비롯해 학교 관계자들이 해외로 그 대상 유물을 물색하러 다니던 중 테라우치 문고에 대한 소식을 전해 듣고 민간 교류 차원에서 도움을 주기로 한 것이었다. 마침 경남대학교는 우리나라와 최단 거리에 위치한 규슈 지역의 여러 대학과 학술 교류를 추진하던 중이기도 했다. 이리하여 경남대학교가 전면에 나서서 야마구치여자대학 측과 반환 교섭을 진행했고, 그 결과 야마구치여자대학과 테라우치 가(家)는 조건 없는 기증 의사를 결정하기에 이르렀다. 마침내 1995년 11월 11일 기증각서 조인식을 하기로 했다.

그로부터 약 두 달 뒤인 1월 24일, 기증각서에 의거한 97종 134점이 경남대학교 인수인단의 손에 의해 고국으로 되돌아왔다.

그 뒤 4년 후 나의 선친께서는 70세에 간암으로 돌아가셨다. 돌아가실 즈음에, 당신 생애 가운데 가장 보람 있었던 일이 무엇이냐고 여쭤보았다. 그러자 선친은 서슴없이 테라우치 문고 유물 반환에 기여한 일이라고 대답하셨다. 나는 선친이 테라우치 문고 속에서 선조 이암 선생의 유품뿐만 아니라 조선 시대 유학자와 시문(詩文)의 대가, 임진·병자 양란의 명장, 충신들의 육필 시고가 잔뜩 소장되어 있는 현장을 목격하고 오셨을 때 좋아하시던 그 모습을 결코 잊을 수가 없다.

아버지께서 처음으로 일본 야마구치여자대학에 가셨다가 테라우치 문고에 소장되어 있는 진귀한 자료들을 사진으로 여러 장 찍어 오셨다는 소식을 들은 지 보름 후의 일이었다. 부산에 출장을 갔다가 서울로 올라가는 길에 잠시 대구 본가에 들렀던 날 저녁이었다. 저녁을 먹고 난 다음 선친께서 대구에 살고 있는 막내 동생과 나를 당신의 좁은 서재로 불러 나란히 앉히셨다. 그런 다음 일본에서 찍어 오셨다는 사진들을 방바닥에 쭉 늘어놓으신 채 그동안에 있었던 답사 과정을 일장 훈시조로 말씀하시는 것이었다. 평소 조용하신 성품과는 달리 가끔 큰 소리로 웃기까지 하시면서 의기양양하게 말씀을 이어 가셨다.

그러다가 갑자기 정색하시면서 내게 이렇게 물으셨다. "승률아! 너는 행촌 어른께서 어떤 분이셨는지 알고 있나?"

내가 대답을 못 하고 머뭇거리자 아버지께서는 그것 보란 듯이 꾸짖는 표정을 지어 보이시더니 자리에서 벌떡 일어나시는 것이었다. 그리고는 서가에서 누렇게 변색된 책 한 권을 꺼내 내 코앞에 불쑥 내밀어 보이셨다. 표지에 '한국사의 원류, 주해(註解) 환단고기(桓檀古記)'라 적혀 있고, 그 밑에는 '단군은 아시아를 통일했다'라는 부제가 붙어 있었다. 지은이는 김은수(金殷洙)였고, 1985년 기린원출판사에서 초판 발행한 역사물 번역서였다. 아버지께선 짐짓 엄중한 목소리로 타이르듯 이렇게 말씀을 이어 나가셨다.

"너도 이젠 집안 종사 일에 좀 관심을 가져라. 학교 일 한답시고 중국으로 어디로 여기저기 돌아다니고 있는데, 선조들의 행적도 모르고서야 어떻게 남들 앞에 나서겠나. 이번에 학자들을 만나 봤더니, 행촌 어른에 대해서 나보다도 더 잘 아시는 분들이 많더라. 이 책이 얼마나 중요한 책인지 모른다. 행촌 어른께선 글씨도 잘 쓰시고 고관대작을 지내신 분이셨지만, 어떤 역사학자들은 이 책을 더 높이 평가하더라. 고조선에 대한 역사서로선 매우 귀한 사료가 된다고 하는구나. 애비 생각에도 이 책은 두고두고 연구해 볼 만한 가치가 있다고 본다. 네가 먼저 읽고 나서 동생들도 다 읽히도록 해라."

돌아가신 선친을 생각하면 그때 들은 말씀이 지금도 생생하게 기억나 가슴이 뭉클해져 온다. 난생처음으로 접한 『환단고기』라는 책의 이름도 생소했지만, 그보다도 그 책에서 가장 중요한 부분으로 평가받고 있는 '단군세기(檀君世紀)'를 편찬한 분이 나의 20대 선조 되시는 행촌 이암 선생인 것을 그때 비로소 알게 되었기 때문이다. 또한 그의 현손인 일십당(一十堂) 이맥(李陌)께서도 조부의 영향을 받아 『태백일사(太白逸史)』를 저술함으로써, 한 집안에서 대를 이어 고대 민족사 정립을 위해 충성을 다 바쳤다는 사실을 알게 된 것도 그때가 처음이었다. 그날 아버지께서 주신 책을 받아 들고 처음엔 좀 얼떨떨했으나, 아버지의 설명을 들으면서 시간이 지날수록 나는 깊이를 알 수 없는 격동의 심연으로 빠져 들어가는 듯한 느낌이 들었다.

이것을 두고 '운명'이라고 말해야 하는가. 그날 이후 나는 『환단고기』에 수록되어 있는 고조선의 기원과 한민족 역사에 대한 자존 의식을 단 한 번도 잊어버린 적이 없다. 고대사 기록의 진위를 논하기 이전에, 그 책에 녹아 있는 웅위한 민족정신과 잃어버린 역사의 회복을 위한 열망이 도도히 흐르는 강물처럼 내 마음속에 차고 넘쳤다. 내가 지금 '동북아시대'를 표방하며 이 지역을 기반으로 중국과 중앙아시아, 그리고 유럽에까지 이르는 신(新)실크로드의 새 길을 열어 보고자 꿈꾸고 있는 것도 어쩌면 『환단고기』에 기록되어 있는 '잃어버린 고토'를 찾아가려는 노력의 한 몸부림일지도 모른다. 이 길은 험하고 힘들겠지만 언젠가 우리 한민족 역사의 부흥을 위해 새로운 미래를 시작하는 이정표가 되어 줄 것으로 믿는다.

나는 『환단고기』를 접하면서 우리 집안 선조들의 행적에 고무되기도 했지만, 그와 동시에 경각심을 함께 느껴야만 했다. 그것은 나 역시 후손들에게 무언가 의미 있는 일을 남겨야 하지 않겠는가 하는 생각이 들었기 때문이다. 물론 나도 연변과기대와 평양과기대 설립이라는 대역사에 동참함으로써 남다른 보람과 긍지를 갖게 된 것도 사실이다. 그러나 아직도 막연하게나마 내가 해야 할 일이 더 남아 있을 것 같다는 생각을 떨쳐 버릴 수가 없었다. 선조들이 우리 민족의 발자취를 찾는 과정에서 의미 있는 행적을 남기셨다면, 나는 우리 민족의 미래상을 그리는 과정에 기여하고 싶은 열망을 갖게 되었다.

『환단고기』에 깃들어 있는 선조들의 기개와 환상을 가슴 깊이 새기며, 이를 동력으로 삼아 21세기 아시아의 새로운 지평을 열어 가는 역사의 일꾼이 될 수 있으면 좋겠다는 신념이 결국 동북아공동체사회를 향한 나의 비전이 되었다. 그 후 이러한 신념은 나의 모든 생각과 행동을 지배하는 기본이념이 되었고, 실천적 기초역량이 되어 주었다.

정상에 뿌리 내린 소사나무의 기상

등산을 시작한 지 한 시간 반이 지난 오후 2시 반 경이 되어서야 정상부위에 있는 '참성단'에 당도했다.

회백색 돌로 정교하게 쌓아올린 참성단 앞에 향로가 있고 그 곁에 참성단을 표시하는 비석이 하나 세워져 있었다. 특이하게도 높이 5m 가까이 되어 보이는 소사나무 한 그루가 참성단을 둘러싼 울타리 돌무더기 위에 수호신처럼 버티고 서 있었다.

바닷바람을 맞으며 꿋꿋이 기운을 뻗치고 있는 모습이 내 눈에 성경에 나오는 '생명나무'처럼 신기하고 가관스럽게 보였다. 나무 하단에 설치된 화강석 표지석에 이렇게 기록되어 있다.

강화 참성단 소사나무

"이 나무는 높이 4.8m, 뿌리 부근 둘레 2.74m, 수령 150년으로 추정되어 진다. 전형적인 관목 모습에 나무갓이 단정하고 균형 잡혀 있으며 참성단의 돌단 위에 단독으로 서 있어 한층 돋보이며 규모와 아름다움에서 우리나라 소사나무를 대표한다. 소사나무는 잎이 작고 줄기가 고목의 모습을 가져 옛부터 분재 소재로 사랑을 받아온 대표적인 전통나무이나 문화재 지정(2009. 9. 16) 사례로는 최초이다."

수십 명의 등산객이 삼삼오오 떼를 지어 참성단 위에 올라가 사진을 찍거나 망원경으로 북한 쪽 서해안과 주변 경관을 둘러보면서 자기들끼리 시끄럽게 떠들고 있는 모습이 보기에 썩 좋지 않았다. 기왕에 참성단에 왔으면 조용히 단군조선의 역사를 마음에 되새기며 한민족의 미래를 위해 참배하고 가는 모습을 보일 수는 없을까?

내가 고지식하게 옹졸한 민족주의자가 되고 싶어서 이렇게 말하는 건 아니다. 이곳은 매년 전국체전과 같은 특별 행사가 있을 때마다 채화해 가는 민족정신의 뿌리요 '물근원'과도 같은 한민족 최고의 성지가 아닌가? 그런 이곳을 단순 관광지 정도로 여기는 '의식의 경박함'이 못내 아쉬워서 하는 말이다.

그렇다! 실로 이곳은 오천 년을 이어온 한민족 역사의식의 봉화대요, 만대를 이어갈 미래 비전의 창(窓)으로 통하는 단상이다. 여기

마니산 참성단 전경

참성단 앞에서 이승률 회장 내외

멀리 북한이 보이는 서해안 전경

에 서면 하늘이 보인다. 여기에 서니 우리의 미래가 보인다. 우리가 앞으로 어떤 길로 나아가야 할지 그 방향과 목표가 보인다.

그래서 나는 그 자리에 서서 기도하지 않을 수 없었다. 아내와 함께 서로 손을 부여잡고 드리는 기도 위에 하나님께서 반드시 귀하고 선한 응답을 해 주시리라 확신했다.

참성단에서의 기도

역사를 주관하시는 하나님.

지금 우리나라는 국내외적으로 많은 어려움 가운데 위태롭고 불확실한 게임의 현장에 서 있다고 해도 과언이 아닙니다. 머리에 숯불을 이고 있는 듯한 북한의 핵무기와 미사일 개발 능력은 날로 고도화되어 가고 있으며, 한반도를 둘러싼 4대 강국들은 자국의 국가이익에만 골몰하여 국제관계를 신냉전적인 갈등구조로 끌어가고 있는 실정입니다.

21세기에 들어와 더욱 기승을 부리는 중국의 부상에 대응하여 미국의 오바마 정부가 취하고 있는 '아시아 회귀전략'은 바야흐로 중국 포위망에 일본뿐만 아니라 한국도 한층 깊이 참여해 주기를 종용하고 있으며, 중국 시진핑 정부 또한 여기에 대응하는 외교정책으로 한국에 경제적 협력과 정치적 추파를 던지며 '전략적동반자 관계'를 더욱 공고히 해 달라는 뜻을 노골적으로 나타내며 고삐를 틀어쥐고 있습니다.

심하게 말해 '친미'냐 '친중'이냐 라는 양대 극단에 이르는 갈등구조의 골짜기에 샌드위치 신세가 되어 어느 한쪽에도 몸을 허락할 수 없는 '코리언 패러독스'의 위험한 처지에 빠져들고 있습니다.

이에 더하여 미국의 맹방인 일본은 미국을 등에 업고 '적극적 평화주의'로 위장한 집단자위권을 발동했을 뿐 아니라 주변국가인 한국과 중국을 상대로 과거사 문제로 원한을 부채질하는 가운데 아베 정권은 날이 갈수록 더욱 심각한 망발로 공공연히 한국인 전체의 감정을 속속들이 할퀴다 못해 이제는 북한까지 자기편으로 끌어들여 남북한을 이간질하려는 중상모략을 보이고 있습니다.

여기에 2024년까지 장기집권을 내다보며 신동방정책을 펴고 있는 푸틴 주도의 러시아는 또 어떻습니까. 한국과 우호적인 관계로 발전하기를 원한다고 하지만 결국 그들도 '한·미·일동맹'을 저지하는 선에서 중국과 공조하며 언젠가 한국에도 적대적 관계로 대항해 올지 모르는 마피아 정권이 아닙니까.

이런 4강의 모습을 보면, 폴 케네디 교수(예일대)가 말했던 것처럼 남북한 한반도의 정세야말로 마치 네 마리의 코끼리 틈 사이에 이리저리 쫓기며 생존전략을 펴고 있는 작은 동물의 다툼 같다고 해도 과언이 아닐 지경입니다.

하나님! 제가 너무 심한 표현을 썼나요.

만일 하나님께서 저한테서 이런 소리 듣기 싫으시다면, 제발 부탁건대 우리 한국과 북한을 화해와 협력, 상생과 공존의 장(場)으로 이동시켜 주시고 이를 기초로 하여 마침내 우리 한반도에 평화적 통합의 길을 열어 주십시오.

만일 이런 신뢰 과정이 착실하게 구축되어 간다면 그때 우리 한반도는 이제껏 경험하지 못했던 전혀 새로운 블루오션(Blue Ocean)의 기회를 맞이할 수 있게 되리라 확신합니다.

다시 말해 남북이 우호적 관계로 소통하게 되면 그동안 분단된 반도 국가로서 가져왔던 한계를 뛰어넘어 약점을 강점으로 변화시키는 대(大)반전이 일어나게 될 것이며, 이를 통해 그동안 지정학적으로, 또 지경학적으로 중국과 일본 사이에 끼어 있어서 넛 크래커와 같은 신세를 면치 못했던 입장을 역전시켜 오히려 중국과 일본 사이에서 그들 양국의 현안을 조정하고 소통시키는 가교역할을 수행하게 됨으로써 한반도 자체가 동북아 지역의 중간 핵심지대로 거듭나는 기회를 창출하게 되지 않겠는가 하는 생각이 듭니다.

이렇게 되면 우리 한반도는 명실공히 동북아 지역에서 교통, 환경, 에너지 분야의 통합뿐만 아니라 국제금융, 교육문화, 기술산업, 인력교류, 다자안보협력 등 제반분야에서 소통과 협력을 주도하는 중심축 국가(Pivot State)로 자리 잡게 될 겁니다.

이와 더불어 남북한 관계도 새로운 국면을 맞아 핵문제와 평화협정 및 경제협력방안(남북경제공동체) 등을 빅딜하는 단계로까지 발전하여 실질적인 공존과 상생을 위한 고위급 회담을 하게 되고 나아가 마침내 양 진영 정상 간의 합의 하에 평화통일을 이끌어 내는 제도적 기반 조성에 착수할 수 있게 되지 않을까 싶습니다.

하나님! 이 희망을 현실로 이루게 해 주십시오.

마침내 우리 한반도가 동북아의 몸통이 되어 중국과 일본을, 중국과 미국을 양측 날개로 삼아 고공으로 비상하는 독수리가 되게 해 주시고, 나아가 이 흐름을 활용하여 남북한 간에도 자연스럽게 화해와 협력을 통해 평화적 통합의 장을 펼쳐갈 수 있도록 한반도통일방안에 '새롭고도 거대한 대(大)전환'의 물꼬를 트는 일이 하루빨리 찾아오도록 도와주십시오.

다시 말해 한반도가 이 시대 최고 수준의 평화와 번영을 누리는 합목적적인 '포지티브 섬 게임'의 현장으로 거듭날 수 있도록 인도해 주시옵소서. 이것이 제가 마니산 참성단에서 하늘을 우러러보며 드리는 첫 번째 기도의 제목입니다.

그리고 이제 눈을 돌려 국내 현안을 살펴봅니다.

하나님! 하나님이 보시기에도 우리 한국 사람들이 참 독하지요.

여야를 막론하고 지역 간, 계층 간에 이토록 끈질기게 싸우는 걸 보면 참 독한 사람들이거나 아니면 남의 떡만 크다고 우기면서 제 것도 챙기지 못하는 실속 없는 분열증 환자들이던가요.

세월호 사건 하나 가지고도 국가 전체를 말아먹을 정도로 긴장 국면을 초래하고 있는 판국이니 이제 만일 여기에 더하여 북한에서 또는 국내외 테러분자들이 잠입하여 서울 어딘가에 주요 기간망 한 곳만 폭탄을 터뜨린다고 해도 그 여파로 한국의 수도 서울은 그날로 온통 마비되고 말 것입니다.

그리고 그 사건을 수습하는 과정에 국회뿐 아니라 정부 부처와 법조계, 교육계 및 산업노동계를 비롯한 모든 공공기관 및 시민사회단체

들은 또 저마다 극단적인 보수, 진보 양 진영의 전사가 되어 서로 헐뜯고 공방하며 국가의 운명이야 어떻게 되던 아랑곳없이 그들 자신이 속해있는 조직의 이권과 야욕을 위해서라면 무슨 말이나 행동도 서슴지 않는 추태를 보일 것이 뻔해 보입니다.
아! 어쩌다 우리나라가 이 모양 이 꼴이 되었습니까. 하나님 제발 부탁건대 우리를 머리부터 발끝까지 완전히 새롭게 세척하고 환골탈태시켜 주시옵소서.

현 정치 체제상 대통령직이 누구보다 중차대한 자리이기 때문에 박근혜 대통령을 예로 들겠습니다. 박 대통령이 이렇게 이렇게 하겠다고 한번 뜻을 세우면 제발 그렇게 되도록 공무원들과 사회 각 계층 지도자들이 힘을 합쳐 밀어주고 또한 국민들도 우리 손으로 직접 뽑은 대통령이니 기왕지사 확실하게 밀어줘서 임기 동안에 큰일을 해낼 수 있도록 도와주자. 이렇게 하는 게 국민 된 도리가 아니겠습니까. 이런 전통을 세워야 다음 대통령이, 또 그 다음 대통령이 마음 놓고 소신껏 국가와 민족을 위해서 일해 보지 않겠습니까.
정권의 정체성이야 정당의 색깔에 따라 달라질 수 있겠지만, 여야를 막론하고 어느 시대에서나 국가사회의 공의를 받들고 국가지도자의 품격을 지켜주는 일에는 기본적으로 법도가 있어야 하는 법, 최소한 이 정도의 예의는 갖추어 줘야 그것이 건전시민사회의 양식이요 궁극적으로 우리 자신을 안정되고 행복하게 살아가도록 만드는 최적의 규범(태도)이 되지 않겠습니까.
다만 이런 경우 특별히 박 대통령에게 요청할 사항은, '불통'의 이미지를 하루라도 빨리 벗어나는 일이 무엇보다 중요하다고 조언하는 것임을 저도 지레짐작하고 있습니다. 아무튼 이제 얼마 있지 않아 집권의 절반을 넘겨야 할 시점이기 때문에 그 분수령을 넘기 전에 박 대통령께서도 최선의 자아혁신과 소통의 실효성을 창출해 주시리라 믿습니다.

그래서 하나님!
하늘이 열리는 개천절을 맞이하여, 오늘 이날을 기념하여 박근혜 대통령을 위해 이 청(請)은 꼭 들어 주십시오. 그가 올해 신년 초에 '통일대박론'을 끄집어냈습니다. 그런 다음 세월호 사건이 터지자 또 '국가개조론'을 외쳤습니다. 이 두 가지 명제 모두 황당무계해 보이고 가당찮은 일 같습니다만, 그러나 우리 국민들의 저력으로 미루어 볼 때 한번 한다면 또 해내는 민족 아닙니까.
하나님! 우리를 굽어살펴 주셔서 이 일이 가능하도록 도와주시옵소서. 제가 오늘 왜 여기 올라왔겠습니까 하나님 당신께 이 정도의 부탁도 못 드린다면 애초에 올라오지도 않았을 겁니다.

저는 당신을 믿습니다. 태초부터 당신이 우리를 지으셨고 또한 지금도 우리의 생사화복과 길흉을 주관하고 계심을 굳게 믿습니다.
그런 믿음 위에 이제 이 나라의 안녕과 발전, 한반도의 통일과 국가개조의 새날을 기원할 것이오니 우리 국민들과 세계 도처에 흩어져 살고 있는 모든 코리언 디아스포라들의 재능과 예지를 한데 모아 '동력화'하는 일에 먼저 성공할 수 있도록 도와주십시오.

그리고 이를 기반으로 새로운 열정(Passion)과 목표(Purpose)와 인내심(Persistence)을 갖고 지속적으로 고지를 향해 나아감으로써 마침내 그 불가능해 보였던 고지 점령을 성취하고 거기에 또 하나의 거룩한 참성단을 세우는 일에 성공함으로써 온 세계를 향해 승리의 개가를 울리는 '통일 한국'의 신천지를 열어 주시옵소서.

그와 함께 마침내 우리 민족 구성원들이 모두 '홍익인간'의 정신에 합당한 인력으로 거듭나게 해 주시고 또한 이들이 추구하는 '홍익인간'의 이상과 핵심 가치가 세계를 이끌어가는 '21세기 시대정신'이 되게 해 주시옵소서.

하나님! 거기까지 우리를 이끌어 주시옵소서. 거기까지 동행하며 우리의 앞길을 예비해 주십시오. 그리하여 마침내 당신 자신이 우리의 참 신(神)이요 우리의 영원한 참 생명 되심을 스스로 증명하는 기적의 역사를 베풀어 주시옵소서.

기도하는 도중에 눈물이 솟구쳤다. 내가 왜 이러는가 싶기도 했지만 '그날' 개천절 한낮의 태양 빛을 받으며 서해안 갯벌과 주변 산야를 바라보며 느낀 감흥은 문자 그대로 '배달민족'의 부흥을 기리는 '충절가'같은 심경이었다. '일어나라 한국이여. 타오르거라 겨레의 혼불이여' 이런 뜻의 시적 감동이 가슴속에 용솟음쳐 오르며 나도 모르게 눈물을 질끈 삼켰다고 하는 게 정확한 표현 같다.

아무튼 나는 그날 '하늘이 열린 날'의 중심축 참성단 위에서 지난 60평생 그 어떤 날보다 더 진한 민족애를 느끼며 폐부 깊숙이 강

제2회 강화 전국국악경연대회 전경

화의 신선한 청량 공기를 들이마셨다. 날아오를 것 같은 '의식의 팽배'가 온몸을 뜨겁게 달구었다. 참으로 기특하고 뜻깊은 개천절 행사가 되었다.

하산할 때는 왼쪽 무릎이 또 심하게 아파왔다. 4년 전 한라산 하산 때의 고통이 재현되는 것 같았다. 스틱이 없어서 되도록 천천히 게걸음을 하면서 조심스럽게 내려왔다. 마니산 하단부에 이르러 길이 좀 평탄해지자 뒷걸음질 치며 걸었더니 한결 통증이 풀리고 운동효과가 나타나는 것 같았다.

'역발상의 효과'라는 게 이런 걸까? 각종 사물을 대하는 데 있어서 평형감각을 유지하기 위해선 때때로 '뒷걸음의 파격'을 시도해 보는 것도 큰 도움이 되겠다는 생각이 났다. 남북관계에 있어서의 '뒷걸음의 파격'은 어떤 것일까. 알 듯 알 듯하면서도 잘 모르겠는 심정이다. 그러면서도 무언가 있을 것 같아 계속 미련이 남는 그런 물음이다.

'7·4 공동성명인가?' '6·15 정상회담인가?' '10·4 정상회담인가?'

이런저런 생각을 하며 뒷걸음으로 관광지 입구까지 내려왔더니 길옆 녹지공원(상설공연장)에서 '제2회 강화 전국국악경연대회'를 진행하고 있어서 잠시 기웃거려 봤다. 젊은 청년들이 연주하는 '사물놀이' 소리가 천지를 진동했고 뒤이어 예쁘장하게 생긴 처녀들의 낭랑한 판소리 합창이 귓전을 어지럽게 때렸다. 갑자기 오래전에 작고하신 박동진 명창이 생각나면서 그가 늘 입에 달고 살았던 '우리 것은 소중한 것이여'라고 했던 CF가 비수처럼 내 마음을 찔러 왔다.

그렇다. 우리 것은 참으로 소중한 것이다. 어쩌면 이 말이 새로운 '역발상의 근거'가 될 수 있을지도 모르겠다는 생각이 들면서 온고지신(溫故知新)을 훈련하는 일이야말로 오늘날 세대에 단군조선의 기상을 되살리는 교육방안으로 매우 효과적인 대책이 될 수 있겠다는 밑도 끝도 없는 생각이 뭉게구름처럼 가슴속에 피어올랐다.

이렇게 나의 강화 마니산 참성단 등정기는 끝이 난다. 돌아오는 길에 강화농협센터에 들려 한 시간 정도 강화 사자발 약쑥으로 좌훈을 하고 나니 아랫배가 훈훈하고 정력이 배가되는 듯한 기분이 들었다. 장 기능을 활성화 시켜줄 뿐만 아니라 전립선 비대증과 여성 냉대하증에 특효라고 한다.

얼마 후 강화읍으로 나와 풍물시장에 들려 장을 본 후 재래시장 2층에 있는 횟집센터로 가서 전어구이를 맛있게 먹었다. 가을철 전

어는 '집 나간 며느리가 고기 굽는 냄새를 맡고 잊지 못해 돌아온다'고 할 정도로 고소하고 별미를 자랑하는 어종이다. 아내와 함께 오손도손 얘기하며 푸짐하고도 맛있는 저녁상을 대하고 있으니 세상 자체가 행복 덩어리 같이 기쁘고 즐거웠다.

집에 돌아오니 밤 9시가 지나 있었다. 두 내외 모두 많이 피곤할 것 같았는데 의외로 전혀 피곤한 기색이 들지 않았다. 그만큼 오늘 2014년 개천절은 우리 생애 가장 기특한 하루로 기억될 것이다.

참으로 뜻깊고 의미심장한 하루를 보냈다.

개천절 다음 날의 긴급뉴스

어제 개천절 기념으로 마니산 참성단에 다녀온 기행문을 쓰느라 끙끙대고 있는데, 오후 3시 조금 지나서 뉴스에서 북한 최고위급

2014 인천 아시안게임 폐막식 참석차 4일 방남한 북한 황병서 북한군 총정치국장, 최룡해 노동당 비서, 김양건 당 통일전선부장 겸 대남담당 비서 (출처=연합뉴스)

오찬하는 남·북 고위대표단, 2014. 10. 4 (출처=연합뉴스)

실세들인 황병서 총정치국장, 최용해 노동당 비서(전 총정치국장), 김양건 대남비서 세 사람이 갑자기 아시안게임 폐막식 참석을 명분으로 김정은 전용비행기를 타고 인천공항에 도착했다는 속보를 긴급뉴스로 방영했다.

순간 가슴이 철렁 내려앉는 듯한 당혹감과 함께 어쩌면 이 일이 남북한 관계를 새롭게 풀어가는 물꼬가 될지도 모르겠다는 기대감이 동시에 일어났다.

나중에 들은 바이지만, 시종 미소만 머금고 있던 황병서 총정치국장이 김관진 안보실장과의 공식 면담 석상에서 '이번에 좁은 오솔길을 냈는데 앞으로 대통로로 열어가자'라고 발언했다는 점을 새겨보면, 이번 이들의 기습공격적인 방한 행태는 지금까지와는 전혀 색다른 대남정책과 협상 태도를 꾀할 것이라는 기대를 갖게 한다.

아무튼 김정은 제1비서가 한 달째 공식석상에 나타나지 않은 희귀한 상황 가운데 돌연변이식 깜짝쇼를 연출한 이들의 '방남'행각을 두고 각종 미디어와 각계 전문가들이 평하는 분석 및 전망은 서로 많이 다르다.

그러나 한 가지 공통된 의견은, 이제 한국 박근혜 정부든 북측 김정은 정권이든 간에 상관없이 두 진영에서는 앞으로 이전과 같은 일방 독선적이고 대결구도적인 적대의식에서 탈피하여 미래지향적인 협상과 대화를 기초로 남북관계를 재정립해야 한다는 데 대체로 동의하는 것 같았다.

필자의 의견도 물론 동일하다. 다만 이런 점에서 나로서 더욱 긴밀히 바라기는, 남북 양측 실무진들이 상주하여 대화할 수 있는 상설기구(남북연락대표부)를 마련하는 것이 무엇보다 중요한 대책이 될 것이며 이를 통하여 어떤 현안이 발생하더라도 지속적으로 소통할 수 있는 ON·OFF LINE을 복합 운영하는 것이 남북회담 진전의 가장 기본적인 인프라가 되어야 한다는 점을 강조하고 싶다. 이는 평양과기대를 설립, 운영하는 과정에 10년 가까이 기초역할을 담당해 왔던 필자로서 실무경험을 통해 조언하는 빼놓을 수 없는 업무수칙 제일조건이다.

글을 쓰다 말고 서가에서 평양과기대 건설 도중에 찍었던 사진과 자료들을 꺼내 뒤적거려 보다가 필자는 다시 한 번 10월 4일 아시안게임 폐막식에 참석한 북측 최고위급 '3인방'의 깜짝 방문이 일시적인 전술적 행위로 그칠 것이 아니라 남북 간에 상호이해와 협상의 수순을 정례화하는 미래지향적인 계기로 발전해 가기를 마음속으로 깊이 소원했다.

어쩌면 황병서 총정치국장이 남기고 간 '대통로를 열자'란 말이 노무현 대통령과 김정일 위원장 간에 실시했던 '10·4 정상회담' 7주년을 염두에 두고 한 말이었는지는 모르겠지만, 아무튼 우리 정부도 이제는 그것마저도 '뒷걸음의 파격'으로 과감히 수용하면서 정상회담을 포함한 각종 협상안을 손에 들고 미래의 언덕을 향해 높이 점프하는 대북정책을 펴 나가주기를 충심으로 바란다.

이런 생각을 갖게 되자 갑자기 내 머리끝이 쭈뼛 서면서 놀라운 깨달음이 생긴다. 그렇다! 어쩌면 이 '3인방'의 방남은 어제 마니산 정상에서 드렸던 기도의 응답인지도 모르겠다는 생각이 일순 들었다.

설마 그렇진 않겠지만, 아무렴 그래도 어제 그 참성단 돌담 울타리를 끌어안고 기도했던 그 시간에 북측 요청을 받고 NSC(국가안보회의)긴급회의가 열렸으며 그 회의에서 승인함으로써 비로소 '3인방'의 방남이 결정되었다는 사실을 감안하면, 어쩌면 이 일은 하나님이 직접 개입한 극적 현상을 보여주는 한 대목일지도 모르겠다는 생각이 든다.

만일 이것이 사실이고, 이렇게 내 기도를 잘 들어 주시는 하나님이시라면 차제에 다시 한 번 하나님께 간절히 기도하고 싶다.

> 하나님, 이젠 뒤에 숨어 계시지 말고 직접 진두에 나서셔서 우리 남북한에 걸려있는 모든 현안을 풀어 주시고, 또한 하나님께서 12지파를 불러내 이스라엘공동체를 세우셨듯이 남북한 양 진영에서 가장 신실하고 공의와 사랑으로 인민을 섬길 줄 아는 12집단을 가려내 한

반도통일공동체를 세워주십시오. 그런 다음 우리 남북한 백성들을 모두 당신 품 안에 끌어안고 지난 과거로부터의 상처를 말끔히 씻어 주셔서 신령한 생명의 한 몸으로 거듭나는 치유와 회복의 역사를 경험케 해 주십시오. 그리하여 마침내 '원수를 사랑하라'는 예수님의 말씀이 우리 한민족사회를 통하여 찬연하게 실현되는 기적적인 대화합의 은혜를 베풀어 주십시오. 이렇게만 될 수 있다면 저는 여기서 지금 당장 고꾸라져 죽어도 아무 여한이 없겠나이다. 한결같은 믿음으로 당신께 순종하기를 소원하는 종 이승률 장로 올림.

2014. 10. 4.

새로운 만남 | 장강 크루즈 여행의 추억 | 남통에서 만난 사람들의 첫인상
| 중국 현대화의 3대 유업과 장 지안 | 잃어버린 꿈, 조선의 굴원을 아시는가

4장

남통순회의 교훈

저 푸른 창강(滄江)의 물결을 따라

4. 남통순회의 교훈

저 푸른 창강(滄江)의 물결을 따라

새로운 만남

내가 상해 북단에 있는 장강 하구 도시 남통(南通)을 방문하게 된 것은 거의 우연에 가까운 일이다.

황소옥이라는 중국 한족 여사장을 안 것은 벌써 십여 년 전의 일이다. 북경에 있는 기독기업인들과의 미팅을 통해 소개받은 경우다. 그는 LG화학이 중국에 공장을 짓기 위해 1994년에 처음으로 기업 진출을 시도했을 때 통역 겸 컨설턴트로 참여했던 요원이다. 그 프로젝트는 무난히 성공하여 LG화학의 중국 진출에 교두보를 마련한 일이 되었다.

그 후 그는 한국 지인들의 권유로 한국 부동산개발사업에 상당한 자금을 투자했다가 1997년 IMF 사태 때 큰 피해를 보고 한동안 한국과의 교류를 끊었던 적이 있다. 그러다가 기독교에 입문하여 중국 삼자교회의 성장과 인재 양성을 위해 노력하던 중 한국에서 온 한국

기독실업인회(CBMC) 소속의 필자를 만나게 되었고, 그 후 나는 여러 차례의 미팅을 통해 중국선교의 일환으로 황소옥 사장과 그의 중국인 동료들을 만나 한·중기독교교류협력에 대한 구체적인 사업을 의논하곤 했었다. 그런 과정에 한국을 다시 방문하여 국내 유수한 교회와 기도원 및 교육기관을 둘러보는 기회도 갖게 되었다. 그러나 중국의 종교 정책상 공식적으로 외국인이 중국인에게 전도하는 것이 불법으로 되어있는 현실 때문에 몇 가지 논의했던 기독교 교류협력 사업들이 모두 무산되자 그 후 오랫동안 서로 연락이 두절되었다.

그러던 차 최근에 내가 북경 옆 당산(唐山)시에서 추진하고 있는 '한국성' 프로젝트의 컨설팅 업무를 위해 북경에 있는 한족 기업인들의 도움을 받을 일이 생겨 혹시나 해서(5년 전 황 사장이 서울에 한동안 체류할 때 많은 편의를 제공해 주었던 우리 연구재단의 이동탁 사무처장을 시켜) 옛날 소지하고 있던 황소옥 사장의 전화번호로 연락을 취해보라고 일렀는데, 그때 마침 황 사장이 중국인 목회 지도자 몇 분을 모시고 와서 경기도 오산리 최자실금식기도원에 머무르고 있다는 사실을 확인하게 되었다.

"회장님, 이건 기적입니다. 기도원에서 막 내려오는데 이 처장님의 전화를 받았어요."

연락이 닿은 그 날 오후 우리 재단 사무실에 찾아온 황소옥 사장의 첫 마디가 이것이었다. 황 사장의 들뜬 목소리도 그렇거니와 나와 이동탁 처장도 감개무량하여 말이 제대로 안 나오는 그런 정황이었다.

내가 서두에 '남통을 방문하게 된 것은 거의 우연에 가까운 일이다'라고 표현한 이유는, 그렇게 해서 다시 만나게 된 황소옥 사장으로부터 본인이 그동안 접어 두었던 기독기업인으로서의 꿈을 다시 한번 펼쳐보고 싶으니 도와달라는 요청을 받고 그 후 보름도 채 지나지 않아 남통을 방문하게 되었기 때문이다.

우리들의 '남통순회'는 이렇게 시작되었다. 그리고 그 출장 중에 마침내 나는 남통에 망명 왔다가 자진(自盡)해서 죽기까지 잃어버린 조국의 광복을 꿈꾸다 돌아가신 한 조선인 애국시인의 생애를 알게 되었으며 이 사건은 나에게 잃어버린 역사의 진실을 되찾는, 새롭고도 경이로운 각성을 경험하는 기회가 된 것이다.

「남통순회(南通巡廻)의 교훈 – 저 푸른 창강(滄江)의 물결을 따라」

이렇게 제목을 달고 그 역사적 흐름에 대한 탐구의식과 사명감을 정리해 가는 과정에, 나는 우리 시대에 가능한 또 하나의 새로운 블루오션 이야기를 이끌어 낼 수 있다는 확신을 갖고 이 글을 쓴다. 독자 여러분들께서도 이러한 믿음을 갖고 한·중 간에 얽힌 '우정 어린 역사의 여로'를 동행해 주기를 간절히 기원한다.

장강 크루즈 여행의 추억

10월 23일(목) 12시경에 상해 푸동공항에 도착하니 황소옥 사장

장강 크루즈 여행

이 40분 전에 미리 북경에서 와서 기다리고 있었다. 회사(서화연료집단유한공사)에서 나온 승합차를 타고 곧바로 남통으로 떠났다. 상해에서 남통으로 가는 길은 두 가지 방면이 있다.

상해 시내에 있는 홍차오공항에 내릴 경우는 주로 소주(蘇州)를 거쳐 '소통대교'란 다리를 건너 남통으로 가는 길이 있고, 푸동공항에 내릴 경우에는 장강 하구에 있는 상해장강대교와 숭천대교를 건너 다소 우회하는 길로 가게 되는데 전자는 1시간, 후자는 2시간 정도 걸리는 거리다.

상해장강대교를 건널 때 내가 새삼 옛날 생각이 나서 황 사장과 이 처장을 마주 바라보며 여태껏 아무에게도 소개하지 않았던 장강 크루즈 여행에 대한 추억담을 풀어 놓기 시작했다.

그동안 내가 중경(重慶)에서 장강 크루즈를 타고 여행한 경우는 두 번이나 있었다. 첫 번째는 1996년 당시 민정당 대표로 있었던 김윤환 의원을 단장으로 하여 국회의원 12명과 부인 7~8명이 동행한 20명 가까운 국회의원 부부팀을 모시고 중국탐방을 기획한 적이 있다. 그때 동행한 김윤환 대표의 측근 인물들로 신경식, 박희태, 이상배, 김중위, 변정일, 강성모 의원 등이 기억난다.

그들은 첫 방문지로 중국 최초의 국제사립대학인 연변과학기술대(설립총장 김진경 박사)를 택했다. 중국 내 조선족 집거지역인 연변조선족자치주의 수도 연길시 북산가 언덕 위에 세워진 이 학교는 설립취지부터 특별하다. 한국 기독인들의 헌금으로 건립되었을 뿐 아니라 교수진들도 모두 무보수 자원봉사제로 활동하는 독특한 건학 정신을 갖고 있으며, 이 학교가 들어선 자리가 옛날 조선족 공동묘지 자리였기에 더욱 그러하다. 모택동 정권이 들어서면서 매장제를 화장제로 바꾸는 바람에 수십 년간 폐허로 남아 있던 땅이다. 극적으로 표현하자면 '죽음의 땅'을 '생명의 땅'으로 바꾼 역사가 바로 연변과기대의 역사라고 해도 과언이 아니며, 학교 캠퍼스 뒷산 골짜기에 있는 '화장터교회'가 이를 극명하게 증언하는 상징물이라고 할 수 있다.

일행들은 이런 학교에 와서 자원봉사로 헌신하고 있는 교수진들을 격려하고 또 조선족 학생들의 장학을 위해 성금을 전달한 후 백두산으로 가서 1박 2일간 머무르는 동안 천지(天池)와 장백폭포를 답사하는 한편 국가 미래를 위한 단합대회도 가졌다. 그런 다음 북경으로 나가 북경대학에서 중국 교수진, 관료와 기업인들을 초청하여 한중경제교류협력을 위한 특별 세미나도 열었다. 그 후 중경(重慶)으로 가서 임시정부 청사를 관람한 후 장강 크루즈를 타고 수몰 직전에 있는 삼협(三峽)댐을 지나 무한(武漢)에 이르는 3일 동안 나는 집권 여당의 국회의원들과 함께 중국과 한국의 관계, 특히 '세계 속의 한국'이라는 관점에서 한국과 한민족의 미래상에 대한 심도 깊은 대화를 나눌 기회를 가졌다.

그때 한 가지 나로선 잊지 못할 일화가 있다. 크루즈를 타고 가던 이틀째 되던 날 오후, 선상 휴게실에서 끼리끼리 마주 앉아 담소를 나누던 일행 중에 어느 한 분이 나를 바라보며 이런 제안을 했다.

"이 회장, 이번에 좋은 여행을 준비해 주어서 고맙소. 그런데 학교(연변과기대)에 가보니 그동안 수고했던 노력과 성과가 엄청나게 큽디다. 김 대표께서도 칭찬을 많이 하시던데, 차제에 김 대표께 부탁해서 지역구 하나 달라고 하시지요."

이 말씀을 듣고 있던 옆자리 다른 의원들도 이구동성으로 "그래 맞아. 이 회장 같으면 우리 같이 일해도 좋을 것 같아. 이번에 아예 정치 한번 해 보시게." 이러는게 아닌가.

나는 손사래를 쳤지만 다들 계속 윽박지르듯 권유하길래 내가 할 수 없이 이렇게 말했다.

"제가 지역구 갖고 있는 줄 모르십니까."

이렇게 말하자 다들 당혹스럽고 의아하다는 표정으로 반문했다.

"아니 어딘데? 어디지요 우리가 도와줄게."

"도와주긴 뭘 도와주시겠어요, 오히려 훼방만 놓으실 텐데."

함께 자리한 다섯 분들 가운데 세 분의 경북 출신 의원들이 이구동성으로 도와주시겠다고 말하는 걸 듣고 나는 내가 경북 출신인

데 당신들이 어떻게 쉽사리 나를 도와주겠느냐는 뜻으로 익살스레 웃으며 이렇게 말했다.

그러자 이분들은 더 큰 목소리로 자기들이 힘껏 도와줄 테니 지역구가 어딘지 말해보라고 다그쳤다. 이런 강청을 계속 듣게 되자 나는 못이기는 체하며 눈을 지그시 감고 천천히 입을 뗐다.

"정 그렇게 알고 싶으시다면 말씀드리지요…. 연변조선족자치주가 제 지역구입니다."

그날 그분들은 내 말에 어처구니없다는 표정으로 한참을 웃고 떠들다가 자리에서 일어났다. 나는 지금도 혼자 생각해 본다. 나는 결코 정치할 사람도 아니며 또한 그럴 능력도 없는 사람이지만, 그날 그렇게 우스갯소리같이 했던 말은 그 후 내 인생후반전을 관통하며 이어져 내려온 좌우명 같은 불후의 어록(?)이 되었다. 지금도 그때 크루즈 선상 휴게실에서 박장대소하며 함께 담소했던 분들을 어쩌다 만나게 되면, 아직도 내가 연변과기대 대외담당을 하며 사역하고 있는 것을 보고는 그때 내가 했던 말이 결코 거짓말이 아니었음을 알고 '칭찬 반, 위로 반'의 묘한 웃음을 날리곤 한다.

두 번째로 장강 투어를 가게 된 것은 삼협댐이 준공된 지 오륙 년이 지난 2005년 여름이었다. 박세일 서울대 교수를 중심으로 한국제도·경제학회와 한반도 선진화를 주창하는 일단의 지식인 그룹 15명이 팀을 이루어 북경 경유, 중경(重慶)에 도착하여 한국 임시정부 청사를 둘러본 다음 곧바로 크루즈를 타고 무한까지 내려가는 2박 3일간에 걸친 장강 투어를 한 경우다. 그때 동행한 인사 중 나성린 현

국회의원, 최광 국민연금 이사장, 이석연 변호사, 장오현 동국대 명예교수 등과 주로 많은 대화를 나눈 기억이 난다.

당시 일행들의 투어 목적은 4박 5일간의 여정을 통해 중경과 상해에 있는 임시정부 청사를 돌아보며 한국의 현안 과제인 정치개혁 및 쇄신을 위한 대책을 협의하는 한편, 삼협댐 준공 이후 만수가 된 장강을 유람하며 회원들 간에 우의를 다지는 그런 단합행사였다. 장강 크루즈 여행의 묘미는 역시 장강에 있었다. 1,300㎞ 가까이 되는 거리를 배를 타고 가며 군데군데 정박해서 각 지역 특색의 경관과 풍물을 접하는 재미는 보통이 아니었다. 한 마디로 말해 중국은 정치체제로서는 공산당 일당 독재 하의 국가이지만 사회, 문화, 경제, 언어, 인종 차원에서 보면 '중화연합국'이라 불러야 할 나라다. 장강을 통해 유구한 역사와 문명을 일구어 온 중국의 중원지역은 한족 사회를 중심축으로 삼아 여러 제후국가가 먼 나라와는 화친하고 가까운 나라는 경계하는 병법을 주로 구사하며 엎치락뒤치락해 온 역사라 해도 과언이 아니다.

나는 일행들에게 장강 크루즈를 타고 가는 동안 중국역사 공부를 위해 한 가지 서비스를 했다. 중경박물관에 계시는 중국인 학예사 한 분을 초청하여 이틀간 오전에 두 시간씩 중국 고대사를 강의하도록 조치했으며 곁들여 『삼국지』에 나오는 여러 지역과 인물들에 얽힌 이야기를 질의문답 방식으로 공부하는 시간을 만들었다. 다들 재미있어했고 또한 중국인들의 관습과 문화를 이해하는 데 매우 유익한 시간이 되었다. 배가 삼협댐에 이르러 갑문을 통과하는데 두 시간

이상 걸렸다. 그 시설 규모와 위용은 입이 벌어질 정도로 거대했다. 공사 기간 15년, 연인원 100만 명, 투입된 예산이 350억 달러, 댐 준공 후 만수까지 5년 이상이 걸린 대역사의 산물(産物)이었다.

우리 일행들은 무한에서 하선하여 잠시 『삼국지』에 나오는 유비 현덕의 유적을 둘러본 다음 공항으로 가서 상해로 이동했다. 상해에서 한국 임시정부청사를 참관한 후 저녁 시간까지 몇 시간의 여유가 있었다. 원래는 자유시간으로 배정되어 있었으나 내가 일행들에게 양해를 구해 전원 버스를 타고 양산(洋山) 신항으로 향했다. 억지로 끌고 가다시피 할 정도로 일행을 양산 신항으로 모시고 간 데는 특별한 이유가 있었다. 그 이유는 내가 구태여 길게 설명을 안 해도 될 것 같다. 삼협댐의 위용을 바라보고도 그리 크게 놀라지 않았던

세계 최대 규모의 중국 삼협(三峽)댐

일행들이 해상 교량을 건너 바다 안 깊숙이 건설되어 있는 양산 신항에 도착하자마자 첫 마디 이구동성으로 했던 말이 바로 '이거 이대로 있다간 큰일 나겠다'라는 말이었기 때문이다. 이는 다름이 아니라 부산항을 두고 한 말이다.

주지하는 바와 같이 상해 양산 신항은 해안에서 24㎞ 떨어진 곳에 있는 돌섬을 컨테이너 전용부두로 완전히 개조하여 동중국해의 대외무역 신거점항으로 개발한 항만이다. 2005년에 1단계 공사를 마친 후 계속 2단계 공사에 돌입해 있는 상태였으며 최종 4단계까지 공사계획이 예정되어 있다고 했다. 우리가 현지를 방문했던 당시 1단계 항만 규모만 해도 5선석이고 연간 물동량 계획고가 3백만TEU에 이르는 막강한 규모였다. 아니나 다를까 상해항은 양산 신항을 증설함으로써 급기야 세계 3대 무역항으로 발돋움했고 이에 밀린 부산항은 오랜 기간동안 유지해 왔던 3위 자리에서 5위로 떨어진 다음 최

중국 상해 양산(洋山) 신항

근에는 6위권까지 하락한 상태다.

그때 당시 여행에 참가했던 분들이 대부분 국가정책 수립에 관여하거나 사회단체장으로 활동하고 있던 분들이었기 때문에 나는 그들에게 중국의 발전상, 특히 대외무역의 발전상을 일목요연하게 실감케 하는 방법으로 상해 양산 신항 시찰을 강행했던 것이다.

일행들의 반응은 내가 예상했던 것보다 더 심각했다. 삼협댐은 중국 내수경제개발 항목일 수 있지만 양산 신항은 당장 부산항과 경쟁하게 될 대외경제 무역항이라는 점에서 우리 일행들에게 한국이 그냥 이대로 있다가는 중국 대외경제 판도에 잠식되겠구나 하는 우려를 갖게 했다. 우려라기보다 불길한 예감 같은 것을 느끼게 했다고 말하는 게 더 실감 나는 표현 같다. 아니나 다를까 그 후 10년의 세월이 지나는 동안 중국은 세계 2대 경제대국으로 급성장했으며 얼마 전 발표에 따르면 GDP 부문에서 미국을 제치고 세계 1위로 부상했다고 한다.

아무튼 장강 크루즈 여행을 다녀오면서 일행들이 느끼고 깨달은 바는 그 후 여러 차례의 스터디 모임을 통해 걸러지고 정리되어 각자, 각 분야에서 중국과의 경쟁 및 협력관계를 조감하는 데 매우 유용한 경험치로 활용되었다. 나도 1990년부터 지금까지 연변과기대 사역을 통해 25년째 중국을 오고 가며 여러 가지 산학 관련 컨설팅업무를 다루고 있지만, 그때 양산 신항을 답사한 이후 중국의 중장기 국가발전정책과 중국지도부의 '세계화' 전략에 대한 인식을 새롭게 하는 데 많은 도움이 되었다. 예를 들자면, 중국의 서부대개발사업, 동북진흥계획과 창지투개발개방노선, 티베트, 동남아, 중앙아시아, 몽골 및 러시아로 연결되는 고속철도망 확장사업과 항공망 확충사업 그리고 이에 연관된 (리커창 총리가 주도하는) 광역권 신도시개발계획과 국내외 인프라투자개발사업에 대한 식견을 높이는 데 있어서 그때 양산 신항 답사의 경험이 매우 귀한 시금석이 된 것을 부정할 수 없다.

나는 오랜만에 상해장강대교와 숭천대교를 건너 남통(南通)시로 가는 길에 장강 하구를 지나게 되자 그동안 두 차례에 걸쳐 장강 크루즈 투어를 했던 기억이 생생하게 되살아나 그때 깨닫고 배운 바를 황소옥 사장과 이동탁 처장에게 전수하느라 시간 가는 줄 모르고 장광설을 늘어놓게 되었다. 그러다 보니 2시간 걸리는 길이 금세 도착하는 길 같이 어느새 목적지에 이르게 되었다.

남통에서 만난 사람들의 첫인상

우리가 방문한 남통(南通)시는 강소성(江蘇省) 남부에 위치하며 동쪽은 동중국해(황해)를, 서쪽은 장강을 바라보고 있으며 상해는 장강의 남쪽 맞은편에 위치해 있다. 장강을 건너야 상해에 이르게 되므로 그동안 교통 불편 때문에 도시개발 속도가 늦어졌으나 최근에 소통대교(2008년 개통)와 상해장강대교 및 숭천대교(2009년 개통)가 연이어 건설되어 중국 최대 국제무역도시인 상해뿐 아니라 인근에 있는

남통 위치도

유명 관광지인 소주 및 항주 등과 가깝게 연결되어 2000년대 들어와서 부터는 강소성 일대에서 가장 빠른 성장률(연 15% 이상)을 보이고 있는 제2 선도구 개발지역으로 부상한 도시다.

특히 남통은 장강 하구와 동중국해(황해)를 접속하는 장강 삼각주에 위치하므로 옛날 당나라 때부터 수도 장안(현재 서안)에서 장강을 따라 물류가 이동할 때 북쪽으로는 한반도 및 일본에까지, 남쪽으로는 동남아에까지 이르는 중간 환적, 환승 항구로 발전해 왔다. 그런 입지적인 장점을 바탕으로 남통은 전통적으로 해안에서의 소금 생산과 쌀농사, 목화 재배 및 면직물 생산 중심지로 자리매김하게 되었으며 1970년대 들어와 등소평의 중국 현대화정책 하에 외국인 투자가 개방된 14개 항구도시 중 하나로 채택됨으로써 도시 현대화 발전에 획기적인 기회를 얻게 되었다. 이런 기회를 얻게 된 데는 지정학적인 입지도 중요한 요인이 되었겠지만 그보다 오늘날 남통 시민들은 19세기 말부터 20세기 초반 약 30년에 걸쳐 활약했던 한 사람의 이름을 떠올리며, 이 분이 남통 도시현대화발전에 기초를 이룬 것이 등소평 정부의 개혁개방정책과 더불어 부흥의 때를 만나게 된 근거가 되었음을 더 자랑스럽게 말한다고 하는데 그는 다름 아닌 이 지역 강소성 출신 장 지안(Zhang Jian)이란 분이다.

그는 남통시에 중국 역사 발전을 상징하는 최초의 3대 유업을

홀리데이 인 호텔을 방문한 일행들 (우로부터) 이승률 회장, 황소옥 사장,
옌 바오린 동사장(류화그룹 회장), 이동탁 사무처장

남김으로써 후대에 큰 위명을 날렸다. 중국 최초의 현대식 교육기관인 남통대학, 중국 최초의 민간박물관인 남통박물관, 그리고 중국 최초의 면방직공장을 세워 직접 경영에 까지 지도력을 보인 장 지안은 남통이 낳은 위대한 정치가요 실업인이자 교육가로 높은 평판을 받았으며 당시 청말(淸末)시대에 남통을 일컬어 '장 지안의 왕국'이라 부를 만큼 그 치세능력과 영향력이 대단했다고 한다.

내가 이 점을 특히 강조해서 글을 쓰는 이유는 뒷부분에 나올 한 '조선인'과의 관계에서 이 분이 끼친 영향력과 우정의 도가 너무나 크기 때문에 사전에 약간의 정보를 드리기 위해서다. 아무튼 이번 '남통순회'는 나의 생애에 있어서 또 하나의 예기치 못한 '만남의 축복'을 경험케 한 참으로 귀한 은혜의 시간이 되었다.

우리 일행들이 남통시 북대가(北大街)의 중심 위치에 자리 잡은

'홀리데이 인 호텔'에 도착한 것은 10월 23일 오후 3시경이었다. 이 호텔은 황소옥 사장의 파트너인 옌 바오린(殷寶林) 동사장이 경영하는 호텔이다. 옌(殷) 동사장은 강소서화연료집단(류화그룹)을 모기업으로 해서 산하에 호텔, 오피스텔, 연료기술학원, 에너지개발사업, 항만유통업 등을 경영하는 40대 후반의 남통 출신 기업인이다. 20대 초반에 집안이 하도 가난하여 친구 따라 강남 간다고 할빈까지 돈 벌러 갔으나 고생만 실컷 하고 아무것도 벌어들인 게 없었지만 그때 배운 물류 유통의 경험과 성실한 인맥관리를 기초로 해서 아버지로부터 지원받은 단돈 2,000위안의 돈을 종잣돈으로 삼아 일으켜 세운 게 바로 이 류화그룹이라고 한다. 특히 모기업인 강소서화연료집단은 자사 보유 선박으로 내몽골산 석탄을 천진항을 통해 남통 연안까지 운송해 온 다음 여기서 작은 배로 환적한 후 강소성과 절강성 일대, 즉 장강 주변 도시 및 농촌 지역 실수요자들에게 직접 공급해 주는 사업을 해서 지난 10여 년 동안에 떼돈을 벌어들인 남통시가 내세우는 입지전적인 향토기업이다.

이 류화그룹이 운영하고 있는 호텔 뒤편에 있는 회사 부지에 잠실 롯데월드와 같은 실내형 놀이시설을 유치하고 싶다는 게 나를 초청해서 자문을 받고자 한 첫 번째 이유이고, 두 번째는 호

홀리데이 인 호텔(우), 오피스텔(좌측 뒤), 한국형 병원 예정(좌측 앞) 완공된 건물 모형

텔과 오피스텔에 연결되어 있는 9층 건물에 한국형 병원시설을 도입하고자 하는 게 목적이었는데 이는 필자의 큰아들(이동엽 원장)이 참포도나무병원을 운영하고 있어서 충분히 대화할만한 여건이 된다고 판단해 이번 출장을 오게 된 것이다.

호텔 체크인을 한 다음 곧바로 호텔 옆 오피스텔에 있는 류화그룹 본사 사무실 접견실에서 회사 업무 전반에 걸쳐 브리핑을 받았다. 그 자리에는 남통시에서 나온 몇 분의 고위직 관리들도 있었는데 그 가운데 남통시인민대위원회 환경자원건설위원회 얀 시안(嚴憲) 주임이란 분이 특히 눈에 띄었다. 60대 초반 여성으로 한국에도 여러 번 왔을 뿐 아니라 이 도시의 환경 및 자원 개발과 도시발전계획에 필요한 대외업무의 실질적인 책임을 지고 있는 분이었다. 이 분으로부터 지난해 삼성전자가 중국에 최대 규모의 반도체공단을 설립고자 부지를 물색하고 다녔을 때 이곳 남통을 가장 유력한 후보지로 판단하고 많이 고심했다는 애기를 들었다. 결국 정치적 판단이 앞서서 시진평 주석의 고향이라 일컫는 서안으로 확정되어 이미 공사를 시작했지만 이곳이 상해를 배경으로 삼성전자가 중국뿐 아니라 해외로 뻗어 가는 세계 제일의 반도체공단을 꿈꾼 장소였다는 소식은 내게 시사하는 바가 매우 큰 뉴스로 마음에 새겨졌다

이외에도 내년 말이면 고속철도가 완공되어 상해역에서 이곳 북대가 남통역까지 40분 만에 도착하게 되어있고 또 여기서 20분 거리에 있는 남통국내공항을 상해 제3 국제공항(제1 공항은 홍차오 공항, 제2 공항은 푸동공항)으로 확장 증축하는 사업이 2년 후인 2016년 말에 완공할 예정으로 되어있으며, 또한 항만시설 규모도 중국 10대항 규모

로 발전했을 뿐 아니라 장강을 건너 상해와 연결되는 4개의 큰 교량들도 완비되어 있어서 앞으로 철도, 도로, 공항, 항만 등 교통망 여건이 복합적으로 체계화될 것이므로 남통시 입장에서는 100년 전의 개화기 때 조성되었던 남대가(南大街)전통지역을 잘 보존하면서 이곳 북대가 일대를 제2 도시개발차원에서 국제적 수준의 특화도시로 발전시켜나갈 비전을 갖고 있다고 설명했다.

이어서 그는 최근 중국 대도시의 부동산 개발이 주춤거리고 있는 데 비해 이곳 남통은 중국 10대 부동산개발업체가 모두 다 들어와서 신축 프로젝트를 진행하고 있으며, 특히 한국 대기업으로서 포스코, LG, 한화, 효성그룹 및 동성건설 등이 진출해서 성공적으로 조업 활동을 하고 있다고 전했다. 현재 도심 인구 100만 명 정도 되는 도시를 2020년까지 500만 명 이상의 중대형 도시로 끌어 올릴 계획을 세워 놓고 있는데 이는 다름 아닌 도시의 광역화, 국제화를 뜻한다고 말하면서, 남통시의 이러한 새로운 도시개발사업에 옌(殷) 동사장이 향토기업으로서 좋은 파트너가 되어 주고 있다고 말했다. 그러면서 차제에 이렇게 오셨으니 좋은 인연을 맺어 옌(殷) 동사장의 사업뿐만 아니라 남통시 특화개발사업에 한국기업과의 교류협력이 더욱 확대될 수 있도록 도움을 달라고 요청했다. 그런 말끝에 얀(嚴) 주임은 1989년에 처음 한국을 방문했을 때 '무역흥국(貿易興國)'이라 쓴 박정희 대통령의 휘호를 보고 무척 큰 감동을 받았으며 이는 자기뿐 아니라 많은 중국 지도자들에게 큰 교훈이 되었다는 말을 덧붙였다.

저녁 만찬을 같이 하는 도중에도 얀(嚴) 주임은 끊임없이 내 옆

자리에 앉아 중국과 한국, 상해와 한국, 남통과 한국의 관계발전을 입체적으로 설명하면서 이번 출장 목적으로 온 류화그룹의 사업항목이 잘 진행될 수 있도록 부탁을 해 왔다. 우리 같으면 정경유착, 업자 편들기, 부조리 관행이라 해서 체크 당할 일일 것 같은데 중국에서는 향토기업을 발전시키기 위한 대책으로 관련 부서가 먼저 솔선해서 대외협력을 지원하는 경우가 허다하다. 정작 사업주인 옌(殷) 동사장은 아무 말이 없는 가운데 좌중을 주도하며 대화를 이끌어 가는 얀(嚴) 주임의 열의와 국제적인 매너가 남통에 대한 인상을 매우 강인하게 해 주었다.

만찬 후 관리들이 모두 돌아간 다음 우리 일행들은 회사 임원들의 안내로 남통시 전통문화지역인 하오허(濠河)풍경명승구로 관광을 갔다. 장강의 물이 도시 내부로 연결되어 리아스식 호수를 이루고 있는 가운데, 주변에 즐비하게 늘어선 건축물과 조형 시설들이 유럽풍을 빼닮은 듯해서 마치 유럽 호반도시에 와 있는 듯한 분위기였다. 우리는 승선 인원 10명 미만의 작은 쪽배를 타고 한 시간가량 유람했다. 여기저기 수십 명으로부터 백여 명까지 탈 수 있는 여러 종류의 유람선들이 야경을 즐기며 여유롭게 돌아다니는 모습이 매우 평화롭고 풍요스럽게 보였다. 이 호반도시를 백 년 전에 현대식 도시계획으로 구상하고 개발을 한 장본인이 바로 앞서 소개한 장 지안이다. 그가 중국 최초로 세운 남통대학, 남통박물관이 바로 이 호반에 세워져 있다는 사실 자체가 이를 증명하고도 남는다.

수면에 비친 주변 레스토랑의 휘황찬란한 조명과 음악 분수의

하오허(濠河) 호반 야경(남통대학 부근)

아름다운 조화가 유럽의 어느 도시 야경에 뒤떨어지지 않을 것 같다. 평소 이름조차 들어 보지 못했던 남통시가 이런 정도의 문화와 현대적 도시 미학을 갖추고 있다니 참 놀랍고 외경스러운 일이 아닐 수 없다는 것이 그날 남통에서의 첫날밤을 맞으며 가진 나의 솔직한 고백이다. 더군다나 '홀리데이 인 호텔'에 돌아와 회사 측에서 제공해 준 스위트룸에서 혼자 시간을 보내는 동안 잠이 오지 않아 호텔 부대시설과 객실 내부를 샅샅이 돌아다니며 살펴보았는데 인테리어 디자인뿐만 아니라 자재, 색상, 꼼꼼한 시공 마무리, 가구, 집기, 벽에 부착한 그림, 싸인 보드 등에 이르기까지 어느 것 하나 눈간데 없이 깔끔하게 잘 정리정돈되어 있어서 여태껏 보아 온 중국의 어느 호텔보다도 우아하고 웨스터나이즈화 되어있음을 알았다.

아니나 다를까 다음 날 아침 조찬 때 옌(殷) 동사장을 만나 칭찬을 해 주었더니, 자신이 처음에 계획한 것은 5성급 호텔이었으나 컨설팅을 맡은 인터콘티넨탈 체인에서 시설과 운영은 5성급 수준으로 하되 등급은 4성급으로 낮춰 영업을 시작하는 것이 경영에 도움이 될 것이라는 권유를 받아들인 것이 주효했다고 말하는 것을 들었다. 나는 내심으로 40대 약관의 기업인이 이렇게 굴지의 기업인으로 성장할 수 있게 된 연유에는 이런 겸손한 품성과 성실성 그리고 사물을 객관적으로 인식하는 능력과 자신감이 동시에 갖춰져 있기 때문에 가능했음을 깨닫게 되었다.

"아마도 저희 호텔이 홀리데이 인 호텔 체인 중에서는 세계 최고의 호텔일 거라고 저는 자부합니다."

이렇게 말하는 옌(殷) 동사장이 참 마음에 들었고 그 말을 들으면서 나는 이 친구와 함께 일을 해보고 싶다는 강렬한 욕구가 일어났다.

중국 현대화의 3대 유업과 장 지안(Zhang Jian)

둘째 날(10/24) 아침에 일어나자마자 나는 황소옥 사장과 이동탁 처장을 대동한 후 호텔 뒤편에 있는 개발 부지를 먼저 답사했다. 그런 다음 회사 임원들과 같이 조찬을 하면서 그들이 그동안 구상해왔던 사업계획을 최대한 경청하는 시간을 가졌다. 조찬 후 옌(殷) 동사장이 직접 안내하는 대로 호텔 연회장 시설 및 중층부 비즈니스호텔 영업 예정구간을 둘러본 다음 21층짜리 오피스텔 건물의 내부 모델룸(복층 구조)과 9층 규모의 병원용 건물 내부 구조 등을 자세히 살펴보는 것으로 일과를 시작했다. 그런 다음 오전 중에 남통시에서 후허호 관광지와 함께 양대 명승지로 꼽는 랑산(狼山)풍경명승구를 먼저 구경한 후 시가지 중심 상업구에 있는 백화점과 전문매장을 체크한 다음 중식을 하기로 했다. 그 후 남통박물관과 남통시 홍보전시관을 관람하고 시간이 남는 대로 과거에 면방직공장이었던 곳을 개조해서 미술관으로 사용하고 있는 현장까지 본 다음 호텔로 돌아와 최종적으로 업무 협의를 하고 나서 만찬을 갖기로 스케줄을 짰다.

나도 어디 출장을 가면 스케줄을 빽빽하게 짜서 강행군하는 스타일인데 이 회사의 안내원들이 짜 놓은 스케줄을 보니 만만치가 않았다. 이런 뜻을 황 사장에게 전했더니 그가 웃으며 옌(殷) 동사장은 일밖에 모르는 분이라 직원들도 모두 그렇게 훈련되어 있는 것 같다고 말하면서 자기도 이런 스타일이 마음에 든다고 답했다. 물론 나도 적극적으로 동의했다. 내심으로 한국 사람들만 열심히 일하는 게 아니라 중국인들도 눈코 뜰 새 없이 일하는 것 같아서 다시 한번 중국의 저력을 느꼈다.

그런데 내가 이번 여행에서 가장 중요한 '만남'을 만나게 된 것은 그날 아침 호텔 내부 연회장 시설을 돌아본 다음 남통시 외곽 순환고속도로를 타고 장강 연안을 따라 남쪽으로 내려가서 랑산풍경명승구를 관광하는 자리에서다. 해발 100여 미터밖에 안 되는 낮은 산이었지만 장강 삼각주 평야지대인 남통시에서는 가장 높은 산인 이 랑산은, 장강 하구를 바라보며 이리가 웅크려 앉아 있는 모습과 같다고 해서 '랑산'이라 이름 붙여진 명소다. 꼭대기에 9층 탑형으로 지어진 사찰(寺刹)이 있고 거기에 오르는 구간 요소마다 작은 암자와

향을 파는 가게가 다닥다닥 붙어 있는 종교시설 관광지였다. 구복을 소원하며 기도하는 무리의 향불 냄새가 산길에 진동했고, 이른 시간이지만 유치원부터 중고등 학생에 이르기까지 단체로 견학을 온 학생들로 인해 랑산은 온 산이 떠나갈 듯 시끄러웠다. 그래도 그들이 싫지 않은 것은 어디, 어느 나라를 가든 어린 청소년들을 보면 그 밝고 순진한 모습이 아침 햇살에 빛나는 순결한 꽃 같아서 그렇다.

회사 안내원과 남통시에서 동행한 상무국 직원 두 명이 앞서서 우리 세 사람을 인도하여 함께 산을 오르고 있는데 어디 중턱쯤 계단을 꺾어 올라가려던 참이었다. 앞서 가던 안내원이 뒤를 돌아보며 "여러분들이 한국에서 오셨는데 여기 랑산에 한국인 묘지가 하나 있다"고 하면서 그분은 1900년대 초반에 조선에서 이곳으로 망명해 오신 문인이라고 소개했다. 그러면서 우리가 올라가려고 하는 방향과는 달리 산 우측 가파른 곳을 손으로 가리키는 것이었다. 만일 우리가 그 말을 그냥 흘려듣고 지나쳤으면 나는 이 '기적의 만남'을 영원히 이루지 못했을 것이다. 아니 꿈에서조차 상상도 못 했을 것이다. 그런데 인연이란 참으로 묘하고 신기한 것이다. 그 천운을 놓치지 않고 붙잡았으니 말이다.

안내원으로부터 그 말을 듣자 나는 왠지 한 번 그 묘지에 가보고 싶은 충동이 일어났다. 산소가 멀리 있느냐고 물었더니 안내원이 조금만 올라가면 된다고 답했다. 그럼 가보자고 하고 가파른 계단을 올라가는데 정말 이삼 분도 걸리지 않아 묘소 하나가 산 중턱 골짜기에 방치되어 있는 모습이 보였다.

묘소로 가까이 다가가니 직사각형 콘크리트 구조물이 하나 덩

그망게 누워있고 그 앞에 "韓詩人金滄江先生之墓"라고 쓴 돌비석이 외롭게 서 있었다. 너무나 쓸쓸하고 볼품없이 놓여있는 콘크리트 묘를 바라보며 나는 한동안 정신 나간 사람처럼 그냥 우두커니 서 있었다. 그런 내 모습이 보기에 민망했는지 안내원이 남통시에서 묘소를 다른 곳으로 이장하여 공원 형태로 꾸미려 한다는 말을 하면서 이 분이 중국 청나라 말기 인물인 장 지안이란 분의 초청으로 남통에 와서 이름을 날린 조선인 문인이었다는 설명을 재차 해 주었다.

그때 비로소 나는 김창강(金滄江)이라는 이름을 처음 알게 되었으며 또한 장 지안이란 인물에 대해서도 전혀 알지 못한 상태였다. 다만 당시 이 지역의 유력자라서 김창강 선생을 초청했겠거니 하는 정도로만 이해했다. 그날 오후에 하오허(濠河) 호반에 있는 남통박물관과 장 지안 기념관을 관람하면서 비로소 장 지안이라는 인물에 대해 자세히 알게 되었다. 그리고 장 지안을 알면 알수록 그가 어떤 연

김창강 선생의 묘지

하오허(濠河) 호반 주변 레스토랑

고로 김창강 선생을 이곳으로 초청하게 되었는지 그 사유가 더욱 궁금해졌다. 그래서 이런 궁금증을 풀기 위해 저녁 만찬 때 만난 남통시 관리들에게 공개적으로 질문했더니 그때 마침 합석했던 남통시 위생국 차오 송윤(曹淞云) 부국장이란 분이 자기가 김창강 선생을 전문적으로 연구해 온 학자 한 분을 알고 있으니 필요하면 내일 만나 볼 수 있도록 조치하겠다고 해서 그 다음 날 오찬 때 남통대학 챤 지안(錢健) 교수를 만난게 이번 여행의 '백미'가 되었다.

둘째 날 일정대로 시내 백화점과 전문매장을 잠시 들러 본 다음 우리 일행들은 장강 하안에 있는 가든형 전문식당으로 가서 장강에서 잡은 민물고기로 특색 있는 오찬을 대접받았다. 그런 후 곧바로 남통박물관으로 이동하여 남통시의 현대화 도시 형성 과정에 있었던 여러 가지 역사적 기록과 사진 전시물 및 유물 등을 살펴보는 동안에 나는 남통시 자체가 장 지안이라는 한 사람의 비전과 열정 그리고 강력한 조직적 추진력으로 형성된 것임을 상세히 확인하는 시간을 갖게 되었다.

우선 여기서 장 지안의 경력과 인물평에 대해 먼저 알아본 다음 김창강 선생에 대한 이야기를 풀어 가는 게 순서일 것 같다.

장 지안은 1853년 강소성 해문시(海門市, Haimen County)에서 태어났다. 1894년 청나라 제국 과거시험을 치러 장원급제를 했으며 그 후 한림원(翰林院)을 세웠다. 1909년 장 지안은 강소성 의회의 의장으로 선출되었으며 1912년 중국의 마지막 황제인 푸이(溥儀)의 사직 칙령 초안을 작성했다. 그는 중국공화국의 임시정부 산업장관으로 임명되었으며 1913년 북양(北洋)정부의 산업경제부 장관과 농림부 장관으로 임명되었다. 그리고 1914년 중국 전체 수자원의 관행 관리

장 지안 기념관 내부에 설치된 장 지안 소개문 (중국 현대화의 선구자 표기 참조)

감독을 역임하였다.

그가 이룬 대표적인 성과로 중국 초유의 3대 유업을 흔히 예로 드는데, 현대 중국에서 첫 일반 학교인 남통대학 설립, 중국 최초의 민간박물관인 남통박물관 설립, 그리고 중국 최초의 면방직공장을 세운 일 이외에도 그는 일생동안 20개가 넘는 회사와 370개 이상의 학교를 설립하여 현대 중국의 산업화와 교육에 참으로 위대한 공헌을 한 정치가로 추앙받아 왔다. 그는 국가정책의 슬로건으로 "아버지와 같은 기업, 어머니와 같은 교육"을 주창하며 실용주의적 사회개량을 선도하여 중국 역사에 지대한 영향을 끼쳤는데 특히 개화기 국가급 지도자로 봉직하는 동안 가장 중요한 덕목을 '미래지향형 인재 양성'에 두었다고 한다.

남통박물관 뒤편에 장 지안 개인 기념관이 별도로 세워져 있었다. 그가 살았던 저택을 남통시에서 기념관으로 꾸며 일반인들에게 개방한 전시장이다. 그 집 앞마당에 장 지안의 흉상이 조촐히 서 있었다. 그를 한참 바라보는 동안 나는 나도 모르게 장 지안이 시대와 국적을 뛰어넘는 아량으로 나를 친구로 맞아 줄 것 같은 마음이 생겨 그의 흉상을 끌어안고 사진을 찍고 싶었다. 그러나 차마 그럴 용기가 나지 않아 두 손을 모으고 경배하는 자세로 사진을 찍었다.

나는 속으로 이렇게 생각해 보았다.

"나도 그동안 25년이란 세월 동안 연변과기대를 통하여 중국에 있는 조선족 후대들을 위해 '산업과 교육의 일치'를 위해 헌신해 왔는데, 내 비록 부족하여 당신만 못하지만 그래도 그 뜻을 저버리지 않고 이날까지 헌신해 올 수 있었던 것은 당신이 주창했던 '아버지와 같은 기업, 어머니와 같은 교육'의 이념과 동일한 꿈과 비전을 갖고 초지일관해왔기 때문이라고 믿습니다. 이제 당신이 나를 먼 훗날의 친구로 삼아 주신다면 나는 용기백배하여 중국과 한국의 미래를 위해 더욱더 열심히 일할 수 있을 것 같소. 그러니 당신이 나를 선대(善待)하여 주셔서 당신이 이룩한 업적의 옷자락만 한 성과라도 내가 따라갈 수 있도록 도와주시기를 바랍니다."

그날 장 지안의 흉상 앞에서 이런 생각을 하며 장차 내가 걸어가야 할 길에 대한 신념을 다시 한번 확인할 수 있었던 것은 결코 우연한 일이 아니라고 본다. 왜냐하면 그 다음 날 내가 남통대학 챤 지안(錢健) 교수를 만나 김창강 선생에 대한 이야기를 듣게 되자마자 나는 몇 분도 지나지 않아 장 지안이라는 인물이 역사의 간극을 뛰어넘어 나와 김창강 선생을 연결하는 가교가 되어 주고 있음을 심령 깊이 깨닫게 되었기 때문이다.

내가 그렇게 확신할 수 있었던 것은 장 지안이 29세 때 조선에 갈 기회가 있었을 때, 그때 조선에서 만난 여러 문인재사들 가운데 유독 김창강을 눈여겨봤다가 후일 그를 잊지 않고 중국 상해를 거쳐 남통까지 인도하여 후생을 동고동락하며 깊은 우정과 함께 '구국을 위한 창강의 꿈'을 실현시켜 주고자 노력했던 것과 같이, 이제 나와 김창강 선생의 만남을 통해 나로 하여금 '잃어버린 창강의 꿈'을 이 시대에 다시 한번 되살려 보라는 뜻으로 이해되기 시작했기 때문이다.

이것은 우연한 일 같지만 내게는 결코 우연으로 방치시킬 일이 아닌 것이, 죽기까지 조국 광복의 일념으로 살았던 김창강의 꿈이 나

장 지안 기념관 앞 장 지안 흉상과 이승률 회장

를 통해 한반도 통일과 한민족 통합의 꿈으로 다시 한번 되살아나는 듯한 '정신적 유대감'을 느꼈기 때문이다. 왜냐하면 나라도 그때 김창강의 인생을 살았더라면 그렇게 행동[1]했을 공산이 크고, 또한 만일 김창강이 오늘에 현신해 살고 있다면 그도 나와 똑같은 이념과 헌신으로 자신의 일생을 바쳐 국가와 민족의 미래를 위해 영혼을 불태웠을 것이 틀림없을 것 같기 때문이다.

김창강 선생에 대한 일대기는 다음날 챤 지안(錢健) 교수와의 대화를 통해 재조명키로 하고 오늘은 일단 장 지안의 치적에 대해 좀 더 살펴보기로 하자. 내가 여기서 장 지안의 치적이라고 말함은, 그날 오후 남통박물관과 장 지안 기념관을 관람한 후 이동해 간 곳 또한 장 지안이 100년 전에 세웠던 면방직공장이었기 때문이다. 애초에 허허벌판이었던 이곳 장강 삼각주에 면화씨를 도입하여 면화 밭을 일구고 거기서 수확한 면화를 소재로 중국 최초의 면방직공장을 세워 원단을 제작한 다음 이를 장강 무역로를 통해 중국 내수시장으로 유통시켜 중국 인민들로 하여금 현대적인 의류산업에 눈뜨게 한 장본인이 바로 장 지안이다.

지금은 대부분의 공장 시설과 창고를 예술관으로 개조하여 매월 국제페어를 연다고 하는데 마침 우리 일행들이 도착했을 때도 여러 창고 건물에서 각종 의류 디자인 전시와 생활자기, 장식용 가구, 문화기획상품 등을 전시하고 있었으며 어떤 창고에서는 음악공연과

1 그는 이루지 못한 구국의 한을 품고 78세에 자진(自盡)했다.

더불어 산업디자인 세미나도 열고 있었다. 나는 솔직히 한국인으로서 이런 장면들을 보고 깜짝 놀랐고 기가 죽을 판이었다. 우리 한국의 근대화 과정에 이만한 인물과 프로젝트가 있었을까? 그리고 이를 보존, 육성할 뿐 아니라 현대화 컨셉에 접목시켜 세계화의 길로 확대 발전시킨 사례가 있는가? 최근에 이르러 한류 문화를 운위하고 있지만 이름도 잘 알려지지 않은 도시에서 이만한 문화산업적 소양과 저력을 갖고 완성도 높은 도시미학을 구가하고 있다니, 직접 와서 보지 않았으면 믿기 어려운 일이었을 것이다. 중국의 부상과 발전이 단순한 물리적 성장이 아니라 그 저변에는 인재 양성과 정신문화적 역량이 결합되어 있고 그 위에 강력한 정치적 리더십이 국가사회를 이끌어 가고 있다는 사실을 다시 한번 깨닫는 각성의 기회가 되었다.

하루종일 맴돌았지만 여전히 '장 지안의 왕국'을 벗어나지 못한 느낌으로 호텔에 돌아온 나는 위축되려는 자신의 내면을 바로 세우기라도 하려는 듯 연이어 이어진 실무회의에서 사업주 옌(殷) 동사장과 남통시 도시개발위원회에서 나온 관리들 앞에서 오늘 있었던 투어의 전모를 되돌아보며 "우리 한 번 좀 더 크게 생각해 봅시다"라는 말로 회의를 이끌어 나갔다.

우선 일차적으로 호텔 뒤편에 있는 놀이시설 개발예정지뿐 아니라 그 뒤로 연결되어 있는 상업지구 땅과 남통역으로 이어지는 국제무역센터 예정부지까지 합쳐서 이곳 전체를 남통시 북대가 신개발지의 중심축(中心軸)으로 건설하는 방향으로 사업계획을 세우는 것이 좋겠다고 건의했다. 내년 2015년 말에 이곳까지 고속철이 연장되

면방직공장을 미술관으로 개조한 국제페어전 내부

고 또 2016년까지 인근에 상해 제3 국제공항이 개항된다고 하니 교통여건이 획기적으로 개선되는 이 시점을 놓치지 말고 남들이 손대기 전에 이곳을 남대가 구(舊) 중심지에 있는 후허호 호반 도심권에 버금가는 신생활 친환경 스마트문화 관광 중심지로 개발하겠다는 구상을 갖고 추진하는 것이 좋겠다고 제안하면서, 그렇게 해야 옌(殷) 동사장이 지금 운영하고 있는 호텔부지뿐만 아니라 후속적으로 개발하려고 하는 땅의 부지 용도를 최대한으로 극대화 시킬 수 있는 방안이 될 것이라고 설명했다.

"어제 얀(嚴) 주임으로부터도 얘기를 들었고 또 오늘 하루 종일 이분들(남통시 상무국 관계자들)과 함께 도시 여건을 돌아보니 이곳 위치가 참으로 좋은 기회의 땅으로 분석된다. 이참에 옌(殷) 동사장이 큰 포부와 비전을 가졌으면 좋겠다. 주변 관계자들을 만나 보니 모두 다 옌(殷) 동사장을 도와주려고 하는 것 같다. 그러니 남통시와 잘 협의해서 아예 이 지역을 21세기형 국제문화관광휴양특구로 개발하는 쪽으로 추진을 해보라. 그때 옌(殷) 동사장 혼자서 추진하기가 부담되면 이곳에 들어와 있는 부동산개발업체들과 손을 잡는 한이 있더라도 이곳을 남통시의 새로운 랜드마크로 조성할 필요가 있다고 본다. 그렇게 되면 아마도 중국 정부나 남통시에서도 더 크게 협조해 줄 것 같고 나도 옌(殷) 동사장을 도울 수 있는 길이 있을 것 같다. 한 번 잘 생각해 보라, 비행기가 뜰 때 어느 일정 고도까지 올라갈 때는 모든 동력과 기체 기능을 총동원해서 통합적인 역량으로 비상해 올라간다. 지금은 옌(殷) 동사장이 보유하고 있는 호텔 및 오피스텔 부지 하나만 갖고는 큰 게임을 할 수 없으므로 차제에 여기서부터 저쪽 남통역까지 북대가 전체를 일괄 통합개발방식으로 사업화하는 방안을 펴는 게 더 빨리, 더 높이 비상할 수 있는 대안이라 판단된다. 그런 과정에 옌(殷) 동사장의 땅이 용의 눈알처럼 코어가 되도록 유도해 가는 방안이 내가 당신을 위해 조언해 드릴 수 있는 가장 확실한 미래전략이다. 이것이 충분히 가능성이 있다고 판단하는 이유는, 첫째 남통시 자체가 갖고 있는 천혜의 지정학적 장점 즉 장강 유역의 청정 휴양지로서의 장점과 장 지안이란 분이 이루어 놓은 후허호 주변의 근대적 전통문화기반은 다른 도시가 흉내낼 수 없는 역사적 자산이란 점을 높이 평가하기 때문이다. 그리고 나아가 여기에 더하여 최근 어느 나라에서나 문제시되고 있는 고령화시대 현상과 중국의 개인소득 증대에 따른 고소득, 고소비시대를 합목적적으로 수용하는 혁신적인 신도시발전계획을 세우게 되면 이러한 여건들이 상해라는 거대 국제도시 기능을 등에 업고 지역개발 효용가치 측면에서 폭발적인 시너지 효과를 올릴 수 있을 것으로 본다. 이런 기본 구상 위에 남대가 후허호 호반의 전통문화지구를 북대가 신개발지구에 계통적으로 연결하는 부도심 도시개발계획 즉, 스마트 도시기능과 광역 교통망 인프라를 기반으로 하는 초대형 국제무역전시장과 컨벤션센터, 국제 수준의 고급 쇼핑몰, 최첨단 의료관광시설 및 현대적 국제교육문화시스템 등을 갖춘 융복합형 고급문화휴양시설을 조성하게 되면, 이런 신구(新舊) 역사개념의 중층구조화 도시개발방식이 남통시를 21세기형 특화도시로 발전시켜나가는 전략이 될 수 있을 것이다. 이렇게만 되면 남통시는 중국 어느 대도시보다 더욱 독특하고 지속 가능한 복합문화적 다양성과 함께 '작지만 매력적인 선진도시'로 거듭나게 될 줄 믿는다."

이상은 내가 그날 실무회의를 통해 결론적으로 제시한 의견이었다.

그러면서 끝으로 스티븐 코비의 '항아리 돌 채우기'를 예로 들면서 나의 견해를 마무리했다. 스티븐 코비는 그의 저서에서, 항아리에 돌을 채울 때 큰 돌부터 먼저 채운 후 그다음에 중간 돌을 채우고 그런 후 틈새에 작은 돌을 골고루 채워 넣어야 항아리 전체를 완벽하게 채울 수 있다는 주장을 편 적이 있다. 나는 이 말을 가끔 써먹는

편인데 이번 남통시 도시개발위원회 관계자와 사업주인 옌(殷) 동사장 앞에서도 이 말을 언급하면서 '생각은 크게, 그리고 실행은 구체적으로' 할 것을 요구하면서 나의 견해와 위신을 정립했다. 그들 앞에서 나는, 한국인으로서 작은 나라에서 왔지만 당신들 못지않게 큰 사고를 하고 있다는 뜻을 은연중에 전하고 싶어졌다. 그리고 이러한 자긍심과 자신감을 갖고 대하는 것이 합리적인 중국인 지도급 인사들에게는 더 잘 어필되며, 더욱 확실하고 깊이 있는 이해관계를 이끌어내는 데 도움이 된다는 사실을 오랜 경험을 통해 터득해 왔기 때문에 나는 의도적으로 그렇게 처신했다. 그러자 옌(殷) 동사장이 소년처럼 순진하게 씩 웃으며 매우 고맙다는 표정을 지었다. 나는 '내가 당신과 같이 사업을 해보고 싶어서 이러는 거요'라는 말을 할까 하다가 꾹 참았다. 그 말은 나중에 해도 늦지 않을 것 같아서다.

실무회의가 끝난 다음 한국에서 온 우리 일행 세 사람은 잠시 객실에 올라가 숨을 돌렸다가 시간에 맞춰 저녁 만찬장소로 찾아갔다. 남통시 항갑구(港閘區) 구장과 남통시 위생국 관리들이 추가로 합석한 가운데 화기애애한 만찬이 진행되었다. 그날 만찬에서 가졌던 대화 중에 가장 극적인 두 가지 사안은 내 아들(이동엽 원장)에 관한 이야기와 김창강 선생에 대한 탐문이었다.

이번 출장을 준비할 때 황소옥 사장이 이곳 '홀리데이 인 호텔' 바로 옆 건물에 한국형 병원이 들어서면 좋겠다는 아이디어를 제안했을 때, 그럼 멀리 갈 필요도 없이 내 아들이 척추, 관절, 뇌신경 계통의 전문병원(참포도나무병원)을 운영하고 있으니 이 병원을 기반으로 해서 한국에서 수준 높은 전문병원 팀을 구성하여 남통에 진출하는 것도 한 가지 대안이 되지 않겠느냐고 말했던 게 일의 발단이 되었다. 마침 최근에 아들이 2년 전에 개원하면서 지은 책 '자세혁명(동아일보사)'의 중문판이 출간되었기에 이 책을 몇 권 들고 온 게 있었다. 그걸 차오 진해이(曹金海) 구장과 남통시 위생국에서 오신 분들께 선물로 드렸더니 이때부터 대화의 방향이 완전히 병원 의료사업 쪽으로 집중되었다.

차오(曹) 구장도 알고 보니 남통시 위생국장을 거쳐 구장(區長)이 되신 분이었다. 그는 만일 한국에서 병원팀이 들어오게 되면 구청뿐 아니라 남통시 차원에서 전폭적인 지원을 할 테니 옌(殷) 동사장이 특별히 신경 써서 이 책의 저자 이동엽 원장을 조만간에 한 번 초청해 보라는 지시까지 하는 것이었다.

최근에 내가 서울에서도 가끔 세미나 행사장이나 친구들 모임에 가게 되면 "이 회장, 아들 잘 둬서 좋겠어"라는 소리를 더러 듣게 되는데, 그때마다 속으로 '효도가 따로 없구나. 자식이 잘되는 게 효도로구나' 라는 생각을 가져본 적이 있었다. 그런데 이곳 남통시에 까지 와서 아들 칭찬을 들으니 한결 기분 좋고 국위선양하는 듯한 느낌이 들었다. 내친 김에 나는 이 일을 적극 추진해 보겠다고 약속했고 우리는 일어나서 '러브 샷'까지 했다.

『자세혁명(중국어판)』(2014년, 동아일보사)

그러다가 내가 오늘 랑산명승구에 다녀온 이야기를 하면서 거기서 김창강 선생의 묘소를 참배하게 되었는데 혹시 이분에 대해 잘 아시는 분이 있으시냐고 물었다. 그러자 남통시 위생국 부국장으로 계시는 차오 송윤(曹淞云)이라는 분이 남통대학에서 이를 전문적으로 연구해 온 교수들이 몇 명 있는데 그중 한 분을 잘 알고 있다고 했다. 나는 반가운 마음에 좀 무리가 된다 싶었지만 그분을 내일 떠나기 전에 만나 볼 수 있겠느냐, 필요하면 내일 오전 스케줄을 조정해서라도 학교를 방문하여 꼭 한 번 만나보고 싶다고 요청했다. 그러자 그는 시끄러운 방을 떠나 복도로 나가서 한참 동안 전화를 거는 것 같더니 밝은 얼굴로 돌아와 내일 점심시간에 챠 지안이란 분이 우리 오찬 장소로 오겠다고 약속했다고 전달해 주었다. 나는 너무나 격앙된 나머지 평소 먹지 못했던 술(와인)을 두 잔이나 연거푸 비웠다.

내가 계속 김창강 선생에 대한 관심을 표명하자 좌중에 있던 분들이 그의 인물됨과 문인으로서의 자질 및 경력 등에 관해 자기들이 아는 바대로 설명을 해 주었다. 그때 나는 한 가지 색다른 아이디어가 퍼뜩 떠올라 차오(曹) 구장에게 지나가는 말처럼 이렇게 건의해 보았다. 어젯밤에 하오허(濠河)에 가서 쪽배를 타고 호반 야경을 보았는데 너무나 훌륭하더라, 혹시 이런 도시기반을 가꾼 장 지안이란 분과 그가 평생을 두고 동고동락하며 구국 활동과 우정을 함께 나누었던 김창강 선생에 대한 일대기를 다큐멘터리로 제작하여 방영하게 되면 한국인들의 남통시 관광, 기업유치뿐 아니라 중국과 한국의 교류협력을 증진하는 데 좋은 역사적, 인문학적 소재가 되지 않겠느냐는 말을 했다. 덧붙여서 2012년 년 말에 '안중근 의사 일대기'를 영화화하기 위해 장이머우(張藝謀) 감독을 한국 대종상시상식에 초청하여 국제협력상을 시상한 바가 있었는데 그때 그 초청 업무를 내가 맡아서 했노라고 말하자 좌중은 갑자기 조용해지며 내 말에 온통 관심을 집중하는 것이었다.

차오(曹) 구장은 그것 참 좋은 생각이라고 하면서 그럴 뜻이 있으면 자기들이 최선을 다해 협조할 테니 나더러 다큐멘터리보다는 영화나 드라마 제작을 추진해 줄 수 있느냐고 되물었다. 나는 대답하기를, 내가 그런 일에 투자할 수 있다는 건 아니다, 다만 이곳에 계시는 분들이 영화 제작에 필요한 중국 내 투자 유치를 이끌어 주신다면 캐스팅은 한류 배우들 가운데 여러분들이 좋아하는 인물로 얼마든지 내세울 수 있다고 답했다. 그러면서 나는 옆자리에 앉아 있는 이동탁 처장을 다시 한 번 소개하며 이분이 이야기하면 '별그대'의 주인공 김수현 씨까지도 불러낼 수 있다고 기염을 토했다.

좌중에 있던 사람들은 '김수현'이란 이름이 나오자 까무러치는 듯한 표정을 지으며 그게 정말이냐고 되물었다. 이동탁 처장은 손사래를 쳤지만 내가 이 처장께서 잘 아시는 분이 '별그대'의 판권을 갖고 있는 제작사 대표의 아버지라서 그분께 부탁하면 김수현 씨를 얼마든지 캐스팅할 수 있다고 대신 설명을 해 주었다. 그러자 지금까지 아무 말도 없이 듣기만 하고 있던 옌 바오린(殷寶林) 동사장이 김수현 씨를 캐스팅할 수 있다면 자기가 전적으로 투자하겠다고 나섰다. 대화가 이렇게 진전되자 좌중에는 더할 나위 없이 흥겹고 화기애애한 분위기로 넘쳤다. 물론 이 대화처럼 일이 될지는 미지수이지만, 아무튼 그날 그 시간에 우리는 참으로 뜻깊고 유쾌한, 우의로 가득 찬

만찬을 한껏 즐겼다. 참 즐거운 밤이었다.

잃어버린 꿈, 조선의 굴원을 아시는가

셋째 날(10/25) 아침 조찬을 일찍 마친 우리 일행들은 회사 직원의 안내로 호텔에서 그리 멀지 않은 곳에 설립되어 있는 모험놀이시설단지를 둘러보러 갔다. 한국 평수로 3만 평이 넘는 부지에 20여 가지의 다양한 실외 놀이기구들이 장치되어 있었다. 실내 수영장과 물놀이 시설도 있었는데 대부분 한국의 에버랜드를 본뜬 듯한 시설 형태였다. 놀이시설단지를 관찰한 후 우리는 호텔로 돌아오는 대로 옌(殷) 동사장과 회사 임원들 몇 분과 함께 이번 출장의 최종 실무회의를 가졌다. 옌(殷) 동사장은 내가 앞으로 자신이 추진하고자 하는 개발업무에 컨설팅뿐만 아니라 병원 프로젝트에 합작파트너가 되어 달라는 요청을 정식으로 해 왔다. 나는 그럴 뜻이 있음을 분명히 답변해 주었고 그 외에도 옌(殷) 동사장 개인사업에 필요한 몇 가지 협조사항에 대해 구체적인 의향을 제시했다.

이 내용은 이번 글에서 밝힐 수 없지만 테마파크 건축 설계, 아쿠아리움 및 실내놀이시설의 운영관리, 제3 국제공항청사 한국업체 입주, 국제학교 설립 등에 관한 내용을 주요 항목으로 채택했다. 그런 다음 이 모든 업무에 황소옥 사장이 중간 역할을 하기로 했고 옌(殷) 동사장은 사업의 원활한 투자를 위해 개인사업 영역뿐만 아니라 북대가 신시가지 주요개발사업 전반에 걸쳐 함께 동업할 기업으로 북경에 있는 중국 최대 건설집단을 이미 내정해 두었다고 밝혔다. 나에게 자신의 사업계획에 대한 현실적인 능력과 확실성을 보여줌으로써 국제적인 사업영역의 확대와 성공확률을 높이겠다는 의도로 비쳐졌다. 그는 자신의 의향을 마무리하는 뜻으로 자신이 경영하고 있는 류화그룹의 석탄 공급 거래처를 전국 규모로 다변화시키고 또한 이를 위해 젊고 유능한 인재들을 더욱 많이 양성해서 앞으로 10년 안에 중국 최대의 물량 공급, 최고의 수익을 올리는 석탄 딜러가 되고 싶다고 자신의 포부를 표출했다. 조용한 어조로 말했지만 그 내면에 확고한 비전과 자신감이 있어서 나는 내심으로 또 한 번 그가 무척 마음에 들었고 미덥게 여겨졌다. 아직 40대 약관의 기업인이지만 중국 제일의 석탄 딜러가 되고 싶다는 그 용기와 담대함이 가상하여 나는 그의 손을 힘차게 부여잡고 "할 수 있다고 믿으면, 그 믿음대로 이루어질 것이다"라는 축복의 메시지를 전했다.

체크아웃한 다음 호텔 내 오찬 장소로 갔더니 어젯밤에 만났던 남통시 위생국 차오(曹) 부국장이 먼저 와 있었다. 그리고 그 곁에 다소 몸집이 크고 인상이 학자 풍으로 보이는 손님 한 분이 앉아 있다가 나를 보자 벌떡 일어나서 인사를 청했다. 그가 바로 김창강 선생을 전문으로 연구해 왔다는 남통대학 챤 지안(錢健) 교수였다. 우리는 반갑게 인사를 나눈 후 오랜 친구처럼 스스럼없이 대화를 이어 나갔다.

그는 김창강 선생에 대한 이야기를 본격적으로 꺼내기 전에 우선 남통과 한국과의 관계에서 특별히 상고해야 할 몇 가지 역사적인

김창강 선생 전문 연구가 챤 지안 교수(좌에서 두 번째)와 함께

교훈이 있다고 말을 잇기 시작했다.

"이 회장님, 혹시 설인귀란 이름을 들어보신 적이 있으십니까? 그는 당나라 때 고구려를 침공했던 장수이지요."

나는 옛날 고등학교 국사 시간에 배웠던 것이 기억나 그렇다고 머리를 끄덕여 주었다. 그날 내가 오찬 때 들은 설인귀 이야기와 김창강 선생에 대한 일화를 보고문 형태로 정리하면 다음과 같다.

"설인귀(薛仁貴)는 당 태종(598~649)과 고종(628~683) 시기에 활약한 장수이다. 644년 당 태종이 고구려 침입을 위해 군사를 모집할 때 지원하여 이듬해 645년 요동 안시성 전투에서 공을 세워 유격장군으로 발탁된 인물이다. 그때 당 태종이 고구려 원정에 실패해 귀환한 뒤 설인귀에 대하여 '짐은 요동을 얻는 것이 기쁜 것이 아니라 용맹한 장수를 얻어 기쁘도다'라고 말했다는 기록이 남아 있다. 그 후 설인귀는 665년 고구려의 연개소문이 죽은 뒤, 그의 아들 형제 간에 내분이 일어났을 때 장남 연남생이 원병을 요청하자 군사를 일으켜 고구려와의 전투에서 큰 공을 세웠으며 669년에는 평양성까지 점령하는 전과를 세웠는데 나중에 당이 평양에 안동도호부(安東都護府)를 두어 군전을 실시했을 때 안동도호부 총독으로 임명되었다.

설인귀(薛仁貴)

이런 과정에 당나라에서 군사를 모집하고 선단을 이루어 동중국해(황해)를 거쳐 요동반도까지 진군하는 데 중간 진지로 활용한 곳이 바로 이곳 남통이었다고 한다. 그때 당시 당나라 수도 장안과 남통 간에는 장강을 통하여 남부지역의 농산물과 상업물류가 빈번하게 교류하였으며, 남통 일대에서 모집한 군사들이 대부분 고구려와의 전쟁에 참여했기 때문에 이곳 지역에는 고구려 관습이나 농사법, 언어들이 많이 남아 있고 또한 고구려 사람들로 고구려 멸망 후 많은 유민이 건너와서 살았다고 한다. 그래서 이곳 주민들은 이들을 '표류민' 또는 '재난당한 사람들'이라는 말로 신분을 지켜주며 우대 조치를 했다고 하는데 그 가운데는 고구려 귀족 출신들도 많았으며 이들을 이곳에서는 '동이족(東夷族) 지도자'로 불렀다고 한다. 안동도호부 총독이었던 설인귀가 고구려를 침공한 장수이기도 하지만 고구려 유민들이 남통에 정착하여 사는 데 결정적 역할을 했다는 대목이다."

나는 설인귀에 관한 이런 사실을 처음 알게 되었지만 남통과 한반도가 당나라 때부터 역사적 관계로 서로 소통했다는 사실을 듣고는 마음속으로 느껴지는 바가 컸다. 챤 지안(錢健) 교수가 이 이야기부터 먼저 꺼낸 건 그 뒤 연이어 김창강 선생에 대한 일화를 이야기할 때 그 의도가 분명히 드러났다. 김창강 선생도 '표류민'으로 여기까지 왔지만 우리 남통인들이 잘 모셔드렸다는 것을 강조하고 싶어 하는 눈치였다. 챤 지안(錢健) 교수는 더욱 겸손하고 진지한 표정으로 김창강 선생에 대해 다음과 같이 브리핑했다.[2]

"김택영(金澤榮, 1850~1927)은 조선 후기의 개성 출신 문인이자 학자로서 소년 시절부터 시장(詩章)에서 이름을 떨쳤고 17세에 성균초시에 합격했다. 그러나 개성인을 등용하지 않는 조정의 정책과 무반 가계라는 신분상의 제약 때문에 급제하지 못했다. 그 후 20대 초반에 서울에 와서 이건창 등과 교류하면서 문명이 널리 알려지기 시작했는데, 나중 1883년 김윤식의 소개로 당시 서울에 와 있던 중국의 진보적 지식인인 장 지안과 조우하면서

2 이 보고문을 정리하는 데 있어서 챤 지안(錢健) 교수의 설명과 나중에 한국에 와서 '네이버 지식백과'에 있는 내용을 총합해서 정리했음을 알려드린다. 그리고 지금까지는 김창강 선생이라 호칭했던 것을 앞으로는 '창강 김택영 선생' 또는 그냥 '창강 선생'이라 부르고자 한다. 왜냐하면 창강이 호요 본명은 김택영임을 나중에 서울에 와서 알았기 때문이다.

친분을 쌓은 후 훗날 장 지안의 주선으로 중국 상해로 망명하게 된 인물이다.

중국 망명 전 그는 1891년 개성 출신인 등용을 위한 여론의 압력으로 진사시에 급제하여 가문의 오랜 숙원을 풀었으며, 그 후 벼슬길에 올라 편사국 주사(1894), 중추원 서기관(1895), 문헌비고 속찬위원 통정대부(1903)를 거쳐 학부 편집위원(1905)이 되었으나 일제가 조선을 병탐하자 곧바로 사직한 후 1908년 장 지안의 주선으로 중국으로 망명하여 남통에 있는 출판사(한림묵원출판사)에서 교정일을 보는 것으로 제2의 인생을 시작하게 되었다.

창강 김택영은 시(詩)와 문(文)이 모두 대가의 반열에 드는 우리나라의 몇 안 되는 문인 가운데 한 분으로서, 중국에 망명한 뒤에도 국내의 문단과 끊임없이 교류하며 한문학 분야의 정신적 지도자 역할을 하였다. 그리고 망명지 중국에서 우리나라 한문학을 중국에 소개하는 데 진력하는 한편 남방의 문인들과도 활발한 친분 관계를 맺으며 시문뿐 아니라 개화사상과 현대 국가체제론에 대해서도 진보적인 견해를 많이 발표하여 그들로부터 양계초(梁啓超)에 필적하는 대가로 인정받았다. 또한 그는 국내 문인으로 시에서는 신위(申緯), 산문에서는 박지원(朴趾源)을 가장 높이 평가하였는바, 신위와 박지원이 시와 산문분야에서 각기 조선 제1의 대가로 인정받게 된 데는 창강 김택영의 노력이 가장 크게 작용하였다고 한다.

유작으로『신위시집』과『여한구가문초』등을 편찬하여 한국 한문학의 진수를 중국에 알리는 데 특히 공헌하였으며, 지기인 이

건창과 황현의 문집을 편집하는 한편 망국의 한을 노래한 다수의 시편을 남겼다.

이런 점에서 창강 김택영을 논할 때 빼놓을 수 없는 것이 바로 그의 고려 유민(遺民)의식이다. 이는 조선 5백 년 동안 외면당해 온 개성인의 의식세계를 대변하는 것이기도 했는데, 나중에 중국에서 중국인들에게 한국 역사를 소개할 목적으로 『한사경』을 저술했을 때 이 책에서 이성계의 건국을 부정적으로 기술하여 국내에서 큰 물의를 일으키기도 했다. 이외에도 저서로서는 『한국소사』, 『교정삼국사기』가 있고 시문집으로는 『창강고』와 『소호당집』 등이 남아 있다."

이상은 네이버 지식백과에서 발췌한 내용이다. 이 내용을 참고하면서 내가 남통대학 챤 지안(錢健) 교수와 나눈 대화를 참조하면 창강 김택영에 대한 상세한 이력과 정신세계를 이해하는 데 큰 도움이 되리라 본다.

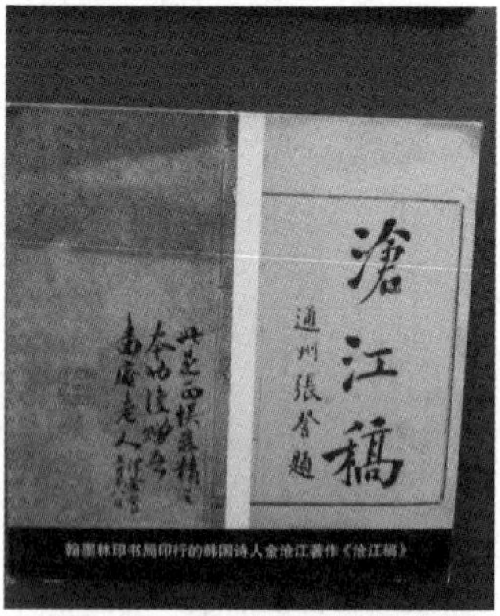

한림묵원출판사에서 발행한
창강 선생 시문집 『창강고』

챤 지안(錢健) 교수는 장 지안이 29세 때 조선에 갔을 때 창강을 처음 만났을 때부터 그의 비범함을 알아보고 그 후 오랜 기간 끊이지 않고 교신을 하며 우정을 쌓았다는 이야기부터 시작했다. 그 후 1905년 조선이 일본에 국권을 빼앗기고 유린당하는 것을 보고 비분을 참지 못한 창강이 이완용, 박제순 등과 같은 5적(五賊) 무리들을 향해 대항하다가 이들로부터 고초를 당하고 있다는 소식을 듣게 되자 당시 중국 정부에 고관으로 있던 장 지안이 곧장 서신을 보내 중국으로 망명을 권유했던 점을 특히 강조해서 설명했다. 장 지안의 인격과 인재를 아끼는 도량을 높이 평가한 것이다. 당시 창강은 상해로 건너와서 얼마간 머물다가 소주(蘇州)를 거쳐 작은 배를 타고 남통으로 왔다고 한다. 그때는 아직 상해 임시정부가 구성되기 전이라 함께 구국 활동을 할만한 인사들이 없기도 했지만, 상해 조차지역에 건립된 신도시 문명을 본받아 남통에 학교를 세우고 면방직공장을 세우는 등 중국의 개화를 위해 헌신하고 있는 장 지안을 흠모하여 창강은 끝까지 남통에서 여생을 보내며 '시문'으로 망국의 한을 풀고 구국의 여론을 주도하는 역할을 했던 셈이다.

안중근 의사가 할빈역에서 이토 히로부미를 저격했다는 소식(1909년)을 듣게 되자 창강은 밤잠을 자지 않고 글을 쓴 후 자발적으로 인쇄한 호외 기사를 남통뿐 아니라 상해, 소주, 항주 등으로 배포하여 중국인들로 하여금 일제 항거에 동참하도록 충동하는 한편 상해 임시정부로부터의 요청을 받아들여 장 지안을 통해 중국 고위층에 임정의 어려운 처지를 알리는 등 중국 정부로부터 지원을 받도록 요청하는 일에 앞장서 협력하기도 했다. 그러나 그는 본디 정치적 성향의 인물이 아닌, 문인으로서의 몸가짐과 학문에 열정을 쏟았던 사람이라 구국광복사업을 위해 전면에 나서지 않았기 때문에 흔히 말하는 독립유공자로 분류되지는 않았지만 시문을 통해 중국인들에게 조선의 문화와 역사를 알리고 중국 지식인들과 함께 한국의 광복과 중국의 개화를 위해 헌신한 공이 지대한 분으로 중국 남방지역에서는 널리 평가받고 있다.

창강의 가족으로는 남통에서의 생활이 안정되자 조선에서 부인을 데려왔으며 후손으로 딸이 한 명 있었는데 딸은 장 지안을 의붓아버지로 섬기며 살았고, 현재 산동성 제남에 그의 손자가 한 명 생존해 있다고 한다. 여성 관계는 별로 없었던 것 같다. 다만 남긴 글에서 보면 술집이나 기방에서 흥이 나면 여자들에게 시를 한 수 지어서 선물로 준 경우가 더러 있었다고 하니 혹시 마음에 두고 사귄 여인이 있을 수 있지 않았을까 추정해 볼 따름이다. 아무튼 그는 망국의 한을 품은 채 20여 년간 남통에서 살다가, 50년 가까운 세월 동안 동고동락하며 우정을 나누어 왔던 장 지안이 서거한 그다음 해 1927년, 만 77세 되던 해, 친구를 잃은 슬픔과 평생 유령처럼 뒤 따라다녔던 고려 유민(遺民)의식이 겹친 데다 조국의 광복을 열망했지만 날이 갈수록 더 막강해지고 포악해지는 일제의 압제를 보자 더 이상 울분을 참지 못해 스스로 곡기를 끊고 병들어 자진(自盡)했다고 한다. 그래서 그를 아끼는 중국 남방 지식인들은 창강 김택영 선생을 가리켜 '조선의 굴원'이라 칭송하며 그의 유업을 길이 보존하고자 애를 써왔다고 한다.

여기서 '굴원(屈原)'이란 분을 잠깐 소개하자면, 중국 전국시대의 정치가이자 비극시인이며 학식이 뛰어나 초나라 회왕의 좌도(左徒:左相)란 중책에 임명되어 내정과 외교를 맡아 크게 활약한 인물이다.

그의 작품은 한부(漢賦)에 영향을 끼쳤으며 문학사에서뿐만 아니라 오늘날 현대문단에서도 높이 평가받고 있는데 대표적인 주요 작품으로 『어부사(漁父辭)』를 꼽을 수 있다. 『어부사』는 굴원이 정계에서 쫓겨나 강남에 머물며 집필한 작품이다. '창강'에서 고기를 잡는 어부를 만나 대화를 나누고 깨친 바를 집필한 책이다. 굴원은 『어부사』에서 자신을 중취독성(衆醉獨醒)이라 일컬으며 초나라가 처한 상황을 한탄했다. 평소 그는 시문을 통하여, 죽어서 이 세상의 유(類:법, 모범)가 되고 자살로써 간(諫)하겠다는 결의를 자주 밝힌 바 있는데 실제로 그는 장사(長沙)에 있는 멱라수(汨羅水)에 투신하여 죽었다.

굴원이 투신하여 죽은 날이 음력으로 5월 5일 단오날인데 중국에서는 이날을 문학의 날로 기릴 만큼 그가 남긴 문학적 업적과 가치는 후세에서도 높이 평가받고 있다. 특히 단오날에 댓잎에 싸서 먹는 쫑쯔는 굴원을 기리기 위한 음식으로 유래되었는데, 쫑쯔를 강물에 던져 물고기들이 굴원의 시신을 뜯어 먹지 못하게 했다는 풍속이 전해지고 있으며 또한 중국에서 행해지는 용선(龍船)경주 시합도 강물에 빠진 굴원의 시신을 빨리 건져내기 위한 것에서 유래했다고 한다.

'잃어버린 꿈'의 한을 품고 살았던 김택영의 호를 중국 문인 친구들이 '창강'이라 불렀던 이유가 무엇일까. 자진(自盡)해서 죽을 걸 미리 알고 '창강'에 투신한 굴원에 빗대어 일컬은 호칭인가? 아니면 조국이 걱정되고 두고 온 산천이 그립고 외로울 때마다 랑산에 올라 '푸른 창파 장강'을 바라보며 시름에 빠져있던 그를 위로하기 위해 그리 불렀던가. 어떤 이유에서든 랑산에 있는 묘소 비석에 '韓詩人金滄江先生之墓'라 쓴 글이 더욱 소중한 의미로 깨우쳐진다. 더군다나 창강의 묘소를 랑산으로 택한 이유도, 랑산 바위언덕에 올라 발밑을 유유히 흐르는 장강 하구를 굽어보며 눈물로 시를 짓고 한탄으로 글을 썼던 그 단심과 충정을 동료 문인들이 길이 보존하고자 이곳을 택하여 묘를 쓴 게 틀림없을 것이다.

여기까지 글을 쓴 나는 문득 랑산에서 찍었던 사진 가운데 김창강 선생이 누워있는 콘크리트 묘와 비석 앞에서 찍은 사진을 스마트폰에서 꺼내 물끄러미 바라다보았다. 그러자 한동안 가슴이 쓰리고 아픈 듯하다가 차츰차츰 그 슬픔이 변하여 새로운 만남의 기대로 가슴이 벅차오르는 것을 깨닫는다. 당시 장 지안 기념관에서 장 지안의 흉상을 바라봤을 때 그가 나와 창강 선생을 연결하는 가교 역할을 하고 있는 듯한 감흥을 느낀 것이 기억 속에 되살아났기 때문이다.

그렇다! '잃어버린 창강의 꿈'을 이 시대의 나를 통하여 새로운 구국의 길로 나아가도록 이끌어주는 듯한 환상을 가졌다. 즉 한반도 통일과 한민족 통합의 길로 나아가도록 이끌어주는 가르침과 힘이 장 지안의 흉상에 깊숙이 내재(內在)되어 있음을 깨달았던 것이다. 이건 결코 우연이 아니라 창강 선생과 나의 운명적인 만남이고 또한 중국과 한국 간에 새로운 교류와 협력을 준비하도록 요청하는 역사적 필연으로 믿어진다. 그래서 나는 그날 남통을 떠나기 전에 마지막으로 가졌던 오찬 자리에서 이렇게 고백했다.

"저의 제1 고향은 물론 한국이지요. 생각 같으면 두 번째 고향으로 이곳을 정하고 싶지만 연변조선족자치주가 엄연히 살아 있으니 제2 고향은 양해를 바랍니다. 다만 이곳을 앞으로 제가 평생토록 동고동락하며 함께 일할 제3의 고향으로 여기고 자주 오겠습니다. 장 지안 선생과 창강 선생의 우정을 생각하면 더욱 그런 신심이 들고 특히 옌 바오린(殷寶林) 동사장 같이 유능하고 포부가 큰 친구가 있는 곳이니 제가 무엇을 두려워하겠습니까. 함께 동역할 수 있는 일이 있고 또 함께 일할 좋은 친구들이 있어서 저는 남통이 참 좋습니다. 짧은 시간의 만남이었지만 이건 제 진심입니다."

내 말이 지금 이렇게 글로 쓴 것처럼 정확하게 전달된 건 아니었겠지만 황소옥 사장의 통역을 거쳐 나는 이런 뜻이 옌(殷) 동사장과 회사 임원들 그리고 남통시에서 나온 몇 분의 관리들 마음속에 깊이 아로새겨지기를 원하면서 매우 진지하게 마무리 인사말을 했다. 그리고 남통대학에서 오신 챈 지안(錢健) 교수께도 내가 장 지안과 창강에 관한 책을 하나 쓰고 싶으니 그동안 연구하신 자료를 보내 줄 수 있겠느냐고 물었다. 그랬더니 그는 흔쾌히 대답하며 1988년에 대만 문사(文社) 잡지에 기고한 창강에 대한 최초의 논문을 카피해서 보내 줄 수 있으며 또한 그 후 남통시 문연(문학예술연합회)을 통해 발표한 논문들도 여러 편 챙겨서 보내 줄 수 있다고 아량을 베풀었다.

남통에 도착하던 첫날부터 이곳 현지인들이 매우 순박하고 친절하며 예의가 바르다는 것을 많이 느꼈는데 마지막 날 만난 챈 지안(錢健) 교수로부터도 그런 인상을 강하게 느꼈다. 그동안 중국 여행을 하며 많은 지역 출신들을 만나 보았지만 이곳 사람들만큼 소박하고 진지한 사람들을 만나본 적이 없는 듯 느껴졌다. 국제무역상업도시인 상해가 바로 인근에 있어도 전혀 상업주의에 물들지 않은 순수한 인간미를 지키고 있는 남통인들이 참 대견스럽고 우러러 보인다. 창강 선생께 베풀었던 장 지안의 우의도, 한반도에서 건너온 '동이족(東夷族) 유민'을 우대하고 친구로 맞아주었던 오랜 전통 속에서의 남통적(南通的) 인간미의 소치가 아니었을까? 그래서 내가 여기온지 며칠도 되지 않아 이곳을 제3의 고향같이 여기게 된 게 아닐까? 아무튼 첫날부터 마지막 미팅까지 줄곧 좋은 인상으로 여행을 마치게 되어 나는 참으로 기분 좋고 유쾌한 마음이 들었다.

그런 가운데 내 마음 한구석에서 이런 생각이 일어남을 숨길 수 없었다. 만일 이곳 남통시에서 창강 선생의 묘를 이장하여 창강공원을 만들어 준다면 내가 사비를 들여서라도 그 공원 안에 창강문화원을 하나 지어 드려서 그의 아름다운 유업을 기릴 뿐만 아니라 남통과 한국 간에 새로운 우정과 협력의 가교를 만드는 일을 하고 싶다는 생각이 문득 들었다. 그렇게만 되면 얼마나 좋을까 그래서 음력 5월 5일 단오날이 되면 '조선의 굴원'을 상기하는 창강문화축제도 열고 또 이 랑산에서 옛 문인들의 정서와 고매한 인품을 새롭게 각성하고 기리는 그런 위대한 문화유산의 전승대회도 한 번 열어 보면 어떨까. 이런 생각을 하자 내 마음은 그저 하늘 높이 솟아오르는 풍선같이 부풀고 유쾌해졌다.

나는 이번 출장을 통하여 많은 것을 배우고 또 깨달았다. '남통순회'라 일컬어도 좋을 만큼 한·중 간에 새로운 비즈니스의 기회의

상해 장강대교 전경

창이 열리는 희망을 느꼈다. 또한 그동안 두 번씩이나 장강 크루즈를 타고 가며 꿈꾸었던 한·중 간 역사문화의 소통과 인적교류, 그리고 한반도 통일과 선진화 사회를 위한 지식인들의 노력이 새로운 시대정신을 수용하며 폭넓게 펼쳐지는 듯한 감격을 느꼈다. 무엇보다 장지안의 인격과 그가 이루어 놓은 남통시의 3대 위업, 그리고 조선에서 온 '표류민' 창강 선생과의 우정을 통해 보여준 그 놀라운 인간적 유대(紐帶)의 능력은, 앞으로 한·중 간뿐만 아니라 이 동북아 지역에서 우리가 무엇을 어떻게 해야 할 것인가를 새롭게 지침하는 참으로 귀하고 큰 지렛대와 같은 교훈으로 내게 임해 왔다.

"창강의 잃어버린 꿈"이 우리를 통하여 새롭게 찬연히 피어날 그날을 기약하며 우리 모두 동북아시대의 유능한 길잡이가 되어보자고 다짐한 게 남통을 방문했던 우리 세 사람의 동일한 염원이 되었다.

남통을 떠나 푸동공항으로 돌아가는 고속도로 위에서 우리는 이런 다짐과 각오를 하며 마냥 즐거워했다. 더군다나 옌(殷) 동사장이 마지막까지 예의와 신의를 지키려는 듯 공항까지 배웅을 나왔다. 승합차에 같이 타고 가면서 우리가 상해 장강대교를 건널 때 나는 이렇게 큰 소리로 말했다.

"장강의 뒷 물결이 앞 물결을 밀치고 나가듯 옌(殷) 동사장께서 중국의 다음 시대를 이끌어 가는 주요 인물이 되기를 바랍니다. 하나님의 은혜가 이 장강 물이 바다를 덮음 같이 충만하게 임하시기를 기원합니다."

이것이 나의 '남통순회'의 마지막 인사말이 되었다. 상해 장강대교 밑으로 유유히 흐르는 '푸른 창강(滄江)의 물결'-그 푸른 블루오션의 물결 위에 가을 오후의 햇살이 눈부시도록 찬연히 빛나고 있었다.

2014. 11. 19.

김창호 대장과의 만남 Ι 원 코리아 뉴라시아 자전거 평화 대장정 Ι 통일고지에 이르는 성찰 Ι 평양과기대의 산학협력 현황 Ι 사랑으로-하늘포도원에서의 합창

5장
도전의 길

통일이 미래다

2014 명사 초청 통일
일시 | 2014년 12월 16일
주최 | (사)동북

5. 도전의 길

통일이 미래다

김창호 대장과의 만남

2014년을 마감하기 전에 내가 가장 만나보고 싶었던 인물은 '원 코리아 뉴라시아 자전거 원정대'를 이끈 김창호 대장(45세)이었다.

그는 세계 최단기간 히말라야 8,000m급 14좌 무산소 등정에 성공한 산악인으로 유명하지만 이번 자전거 원정을 통하여 우리 국민들뿐 아니라 세계인들에게 한반도 통일의 의지를 일깨우고 공감대를 이끌어냈다는 점에서 특히 관심이 갔다.

어떤 인물이기에 그런 일에 도전할 수 있었는지, 그리고 100일 동안의 원정을 통하여 각 지역에서 만났던 사람들의 반응과 에피소드가 무척 궁금했다.

나는 이 분을 어떻게 만나면 가장 극적인 만남이 될까 고심하다가 동북아공동체연구재단의 송년모임에 초청하여 강연을 듣는 게 가장 효과적인 방법이 되겠다 싶어서 그리 추진했다.

세계 최단기간 히말라야 8,000m급 14좌 무산소 등정에 성공한 산악인 김창호

행사명은 "2014 명사 초청 통일간담회 및 송년의 밤"으로 제목을 달았고 1부 순서로 김창호 대장의 초청강연에 이어 평양과기대 최세열 교수가 산학협동 사업화 방안에 대해 간단히 브리핑하는 시간을 갖도록 했다.

그런 다음 2부 순서로 음악공연 및 행운권 추첨 등으로 송년행사를 진행하기로 계획을 세웠다.

드디어 지난 12월 16일, 2014년을 돌아보며 '통일에 이르는 내적 성찰'을 지향하는 작지만 의미 있는 모임을 양재동에 있는 참포도나무병원 9층 루프가든(하늘포도원)에서 실행하게 되었다.

날씨가 올해 들어 가장 추운 영하 10도를 넘는 맹추위에 한파가 몰아치는 그런 악조건이었지만 70여 명이 넘는 임회원들이 모여 이 밤을 뜨겁게 달구었다.

김창호 대장은 강연을 시작하면서 먼저 자신이 히말라야 14좌 무산소 등정을 꿈꾸게 된 동기와 시점에 관해 설명하면서 이런 등정을 통해서 얻게 된 자신의 철학을 잠시 피력했다.

"히말라야 등반은 기록을 앞세우거나 남에게 보여 주려고 하는 게 아닙니다. 제가 히말라야를 다니면서 꿈꾸는 무언가는 8,000m급 14좌가 아니었습니다. 저는 궁극적으로 히말라야에 도전하는 사람들과의 우정을 통하여 산행 가운데 만나는 각종 고난을 극복하면서 그들과 함께 왜 산에 오르는지를 깊이 있게 알고 싶었을 따름입니다. 그래서 깨닫게 된 것은, 히말라야의 고지를 체험한 사람들이 이제 마지막으로 가야 할 탐험과 등산은 히말라야가 아니라 여전히 미지의 세계로 남아 있는 우리 자신의 내면으로 방향을 틀어야 할 때라는 겁니다. 산에서 나는 나 자신의 깊은 곳에 숨겨진 것들을 찾습니다. 진정한 용기는 도전하여 성취한 에베레스트 정상에 있는 것이 아니라 나 자신의 나약함에도 불구하고 끝까지 도전해 폭풍설 속에서 한 걸음 더 나아갈 수 있는 용기입니다. 그러니 세계 최고봉 에베레스트를 등정하는 것도 좋지만 자신만의 정상을 찾아가는 게 더 의미 있는 일이라 여겨집니다. 궁극적으로 말해 8,000m급 14좌가 나 자신의 정상은 아닌 것입니다. 내가 오르고자 하는 정상을 찾기까지 나는 가장 어렵고 거친 길을 통과해야 했습니다. 많은 시간이 필요했습니다. 그런 훈련기간에 파키스탄에서 홀로 1,700여 일을 탐사하는 동안 내가 꿈꾸는 정상은 바로 내 안에 있다는 것을 알았습니다."

이런 용기와 철학을 가진 인물이었기에 그는 히말라야 14좌 등정을 결행했을 뿐 아니라 이제 그보다 더 위대하고 새로운 도전의 길을 떠날 수 있었다.

그것은 바로 '원 코리아'의 꿈을 안고 독일 베를린에서부터 시작하여 유라시아 대륙을 가로질러 한반도에까지 이르는 96일간의 뉴라시아 자전거 대장정의 길이었다.

히말라야 고지를 등정했던 그 남다른 기개와 실행 능력도 중요했지만 그 마음속에 타오르는 통일에 대한 내면적 열정과 비전이 그를 대장정의 길에 나서도록 만들었다.

그리고 그는 마침내 뉴라시아 대장정의 고지를 점령한 승리자로서 우리들 앞에 나타난 것이다.

12월 16일 통일간담회 자리에서 나는 김창호 대장을 두고 올해 내가 만난 사람들 가운데 가장 본받을 만한 인물이라고 치켜세웠다.

'통일'을 외치는 사람들은 많지만 이렇게 헌신적으로 자신의 전부를 걸고 우리들에게 '통일'에 대한 필요성과 기대감을 일깨워준 사람이 더는 없을 것 같아서였다.

여기에 더 하여, 올해 조선일보사가 수행한 사회적 캠페인 가운데 이번 뉴라시아 자전거 원정대 사업이 가장 성공적이었다고 내가 평가를 하자 그는 이렇게 덧붙여 말했다.

"원정을 마친 후 회식 모임에서 조선일보 방상훈 사장께서, 솔직히 말해 이 일이 성공하리라곤 기대하지 않았다고 하시는 얘기를 듣고 저도 그런 생각이 들었습니다만 한 걸음 한 걸음 끝까지 착실하게 페달을 밟으니 결국은 목적지에 도착하게 되더란 말씀을 드린 바가 있습니다. 그러니 오늘 이 자리에 오신 여러분들도 도중에 절대 포기 하지 마시고 끝까지 페달을 밟으시면 틀림없이 통일의 고지에 도달할 수 있을 것입니다."

나는 이 말이 매우 평범한 말 같지만 실로 우리들 한국인에게 무엇보다 필요한 충고의 메시지로 마음에 새겨졌다.

그렇다. 이미 한반도 통일의 대장정은 시작되었다. 2014년 연두 기자회견을 통하여 박근혜 대통령께서 '통일은 대박이다'라고 선포하지 않았는가.

거기다가 독일 드레스덴에까지 가서 온 세계 언론이 지켜보는 가운데 한반도 통일에 대한 기초방안을 외치지 않았는가.

대통령의 이러한 행보를 기준으로 한다면 국가전략적 차원에서 볼 때 통일 대장정은 이미 시작되었다고 보는 게 옳다.

다만 여기서 중요한 것은 우리가 이 길을 끝까지 가야 한다는 사실이다. 그리고 만일 끝까지 가게 되면 우리는 반드시 꿈꾸는 목표지점에 도달할 수 있다는 국민적 신념을 고취하는 일이 그 어느 때보다 필요한 시점이라고 믿어진다.

원 코리아 뉴라시아 자전거 평화 대장정

올해 조선일보사가 '통일이 미래다'라는 제호를 내걸고 연중 기획을 시도한 '원 코리아 뉴라시아 자전거 평화 대장정'은 언론이 국가사회에 미칠 수 있는 가장 훌륭한 사회적 캠페인이었다고 평가해도 지나치지 않을 것이다.

나는 김창호 대장을 '2014 명사 초청 통일간담회'의 특별강사로 초청한 다음 그가 참여했던 대장정의 시말을 연재한 조선일보 특집 기사 전부를 간추려 보는 과정에서 다시 한번 큰 감명을 받았다.

나도 그 현장에 갈 수 있었으면 얼마나 좋았을까 하는 바람으로 특집 기사의 중요 부분을 요약해서 정리해 드림으로써 독자들께 더욱 생생한 당시의 현장 르포를 전하고자 한다.

'원 코리아 뉴라시아 자전거 평화 대장정'을 한 마디로 간추리면 7인의 뉴라시아 원정대가 독일 베를린을 출발해 서울까지 총 10개국, 1만5000㎞의 '뉴라시아 로드'를 자전거로 횡단한 96일간의 대장정을 일컬음이다.

지난 8월 13일 독일 통일의 상징인 브란덴부르크문(門)에서 출발하여 폴란드, 발트3국(리투아니아, 라트비아, 에스토니아), 러시아, 카자흐스탄, 중국을 거쳐 11월 16일 서울까지 총 10개국을 주파했다. '땅으로 이어진 길(陸路)'을 자전거로 횡단하는 것이 목표였기 때문에 북한을 통과해 서울로 입성하려 여러 번 시도했지만 결국 북한 땅은 통과하지 못하고 압록강 넘어 북한 땅이 바라보이는 중국 단동에서

독일 베를린 브란덴부르크문 광장에서 출정식을 마친 뒤 출발하는 원 코리아 뉴라시아 자전거 평화 대장정 (출처=조선닷컴)

러시아 블라디보스토크를 돌아서 한국까지 배로 이동했다.

뉴라시아 원정대가 달려온 루트를 통해 아시아와 유럽을 잇는 '유라시아(Eurasia) 대륙'을 살펴보면 세계 육지 면적의 40%를 차지하고 세계 인구의 71%에 달하며, 세계 경제의 신흥 경제대국, 자원 부국들이 몰려있는 무한한 가능성의 대륙이다.

첫 시작점이었던 독일 베를린 자전거 도로는, 냉전의 유물인 베를린 장벽이 허물어진 자리에 분단의 과거를 평화적으로 극복한 역사를 일깨워 주기 위해 조성된 160㎞의 순환 길이다. 이 길을 따라 시작된 뉴라시아 원정대의 원정길은 단순한 '자전거 레이서'가 아닌 통일에 대한 한국인의 열망을 전하는 '메신저'이자 한국인의 진취적인 도전정신과 한국 문화를 알리는 '민간 외교 사절단'의 역할을 한 평화, 미래, 통합과 도전의 길이었다.

원정길 가운데 다채로운 경제·의료·문화 행사들도 각국에서 펼쳐졌다. 러시아 모스크바, 중국 베이징에서 한국무역협회와 공동으로 '유라시아경제협력포럼'을 열었고, 독일 베를린에서 아산정책연구원과 함께 '한·독청년통일마당'을 개최했다. 또한 카자흐스탄 아스타나, 몽골 울란바토르, 중국 훈춘에서는 현지인을 상대로 의료봉사 활동을 펼치고 우리나라의 발달된 선진 의료기술을 전수하는 '지식 나눔' 행사를 가졌다.

또한 각 지역에서 현지인, 교민, 동포들과 함께하는 문화 행사도 진행되었다. 러시아 상트페테르부르크와 모스크바를 지나며 통일 기원 콘서트, 비보이 한류 공연을 열고, 카자흐스탄 아스타나에서는 고려인과 더불어 국악 공연을 펼쳤으며, 베이징에서는 CJ그룹과 함께 비빔밥 페스티벌을 개최하는 등 한국 문화의 인기를 실감하면서 유라시아 대륙 곳곳에 한류 붐을 새롭게 일으키고 돌아왔다.

또한 원정길 가운데 카자흐스탄, 러시아 극동 지역에 거주하는 고려인들을 만나고 중국 연변조선족자치주에 거주하는 조선족 동포

원 코리아 뉴라시아 자전거 평화 원정대원 7명이 중국 백두산의 천지(天池)라고 적힌 표지석 앞에서 파이팅을 외치고 있다. (출처=조선닷컴)

들을 만나 유라시아에 흩어진 동포들과 함께 소통하는 한민족 통합의 장을 마련하기도 했다.

유라시아 곳곳에서 이런 '종합선물세트' 같은 멋진 이미지를 선사하고 돌아온 '원 코리아 뉴라시아 평화 대장정' 원정대는 산악인 김창호를 원정대장으로 하여 박영석(의사), 김영미(국내 최연소 7대륙 최고봉 등정 산악인), 황인범(자전거탐험가), 안영민(전 산악자전거 국가대표), 최병화(대학생), 이상구(대학생)까지 7명의 대원이 전(全) 구간에 참여했다. 또한 7인의 원정대원 외에 운전, 취재, 다큐, 촬영, 행정, 의료 등의 지원 인력 30여 명과 6대의 지원 차량이 동행했다.

또한 정치인, 언론인, 기업인, 연예인, 청각장애인, 종교계 인사, 탈북 대학생 등 27명이 3개의 소(小)구간에 참여하여 1주일 안팎의 일정으로 원정대원과 함께 페달을 밟았으며, 마지막 11월 16일 임진각을 출발해 국회의사당까지 오는 '피날레 라이딩'에서는 7명의 원정대원을 따라 1만 명의 시민이 동참하기도 했다.

기존의 유라시아 횡단은 자동차나 오토바이를 이용해 지나는 경우가 대부분이었는데 이번 뉴라시아 원정대는 험난한 사막을 지나고, 더위와 혹한, 모래바람을 견디며 광활한 대륙을 오직 자전거로만 이동한 최초의 도전이자 전무후무한 도전이 되었다.

주지하다시피 지금 한국은 남북 분단으로 인해 광활한 유라시아 대륙과 단절된 '고립된 섬'과 같다. 그러나 한반도가 통일되면, 다시 말해 하나의 한국(One Korea)으로 되면 한반도와 동북아 지역이 유라시아 대륙과 연결되며 정치·경제·사회·문화 등 모든 분야에서 새로운 뉴라시아(New-eurasia)시대를 열게 되는 것이다. 이런 의미로 통일 한반도와 유라시아 대륙을 잇는 새 길을 '뉴라시아 로드(New-eurasia Road)'라 명명하고 대장정의 길을 기획한 이번 행사는 한국인의 기상을 드높인 역사적 사건이라 해도 과언이 아닐 것이다.

이러한 '원 코리아 뉴라시아 자전거 평화 대장정'의 기획 의도는 아래 조선일보 사설(2014년 8월 14일 자)를 통해 자세히 설명하고 있다.

> **[사설][1] 유라시아 1만5000㎞ 자전거 장정(長程), '통일 한국 꿈' 싣고 오라**
>
> 아시아와 유럽 1만5000㎞를 자전거로 달리며 이 지역 평화와 한반도 통일을 기원하는 조선일보 주최 '원 코리아 뉴라시아 자전거 대장정(大長程)'이 13일 독일 수도 베를린에서 막을 올렸다. 우랄산맥 넘어 고비사막을 가로지르고 시베리아 벌판, 바이칼호수, 몽골고원, 만리장성을 거쳐 서울로 오는 100일간의 도전이다.
>
> 그 옛날 아시아와 유럽을 잇는 실크로드의 이동 수단은 낙타와 말이었다. 지금은 비행기로 열 시간이면 유럽 심장부에 가 닿는다. 이 길을 폭염·눈·비·바람과 싸우며 자전거로 건너는 의미는 각별하다. 3면이 바다로 둘러싸이고 한쪽은 철조망에 가로막힌 채 살아온 한국인들에게 대륙은 멀었다. 두 발로 국경

1 "유라시아 1만5000㎞ 자전거 長程, '통일 한국 꿈' 싣고 오라", 「조선일보」, 2014년 8월 14일

을 넘는 것은 한국인의 오랜 꿈이었다. 1,300년 전 고구려 후예 고선지(高仙芝) 장군이 중앙아시아를 누볐던 것처럼 원정단은 페달을 밟으며 대륙 구석구석의 숨결을 온몸으로 느낄 것이다. 그리고 우리들의 눈과 귀를 대륙을 향해 활짝 열어젖혀 줄 것이다.

원정단이 첫발을 뗀 베를린 브란덴부르크문은 독일 분단의 상처를 통일로 승화시킨 역사적 현장이다. 종착역인 한반도는 아직도 남북으로 갈리어 분단의 아픔을 겪고 있다. 원정단의 발길이 멀리 떨어진 두 곳의 역사적 경험을 연결해 한반도에 평화와 통일을 정착시킬 해법을 찾을 수 있는 계기가 되기를 기대한다. 원정단이 지나는 길엔 독일-폴란드처럼 한때 전쟁을 했다가 화해한 나라도 있고, 러시아-발트 3국이나 러시아-카자흐스탄처럼 한때 같은 나라였다가 분할돼 공존(共存)하는 나라들도 있다. 이 나라들을 현장에서 보고 겪으며 남북한 화해를 이루고 동북아 지역의 갈등을 치유할 지혜를 얻을 수도 있을 것이다.

유라시아 대륙은 세계 인구의 70%를 차지하는 기회의 땅이다. 한국은 바다로 향했던 과거의 경제권 틀에서 벗어나 대륙에서 새로운 활로를 찾아야 할 숙제를 안고 있다. 원정단이 한반도에서 대륙으로 직접 가는 21세기 '캐러밴의 길'을 개척하는 민간 선봉대의 역할을 다하기 바란다. 이를 위해서도 남북을 가로막고 있는 분단의 벽을 빨리 허물어야 한다.

통일로 가는 길엔 수많은 장애물이 있다. 무엇보다 우리는 통일에 대한 무관심과 통일 비용에 대한 과도한 걱정을 극복하지 않으면 안 된다. 분단(分斷)으로 인한 손실이 통일에 드는 비용보다 훨씬 크다는 것을 깨달을 때가 됐다. 원정단 대원 중에는 교통사고로 다리를 절단했다가 기적적으로 재활에 성공했거나 청각 장애를 겪고 있는 젊은이도 있다. 이들이 난관에 도전하고 극복하는 모습은 희망과 용기의 드라마가 될 것이다. 원정대의 자전거가 숱한 장애물을 뛰어넘어 통일 한국의 꿈을 가득 싣고 오기를 기대한다.

조선일보사의 이러한 통일 기획의도는 유라시아 지역의 많은 지도자와 지식인들로부터 뜨거운 공감을 얻어냈다. 세계적인 관심을 이끌만한 의미 있는 프로젝트라고 경의를 표하면서, 한반도 통일시대의 새 역사를 준비하는 한국에 매우 뜻깊은 행사가 될 것이라는 점에 입을 모아 한마음으로 격려하고 응원했다.

한국 문인으로 세계적인 지명도를 갖고 있는 고은 시인께서 '1만 5천킬로의 길에 부친다'라는 제목의 106행에 달하는 격정적 장시를 지어 원정대에 헌시(獻詩)하기도 했는데 그 일부를 소개해보겠다.[2]

---

2 "붕정만리 대장정, 유라시아를 다시 우리 삶의 무대로", 「조선일보」, 2014년 9월 27일

…중략…

뉴라시아의 나로
유라시아의 너로 내달리는
저 영웅적인 평화의 자전거 바퀴살에
아침햇빛 눈부시어라

저 태곳적 신화 말고
언제 이런 붕정만리의 커다란 꿈이었더냐
아픈 현대사
빼앗기고
갈라진 현대사
그 분단의 불행
분단의 한쪽이 바다를 잃고
분단의 한쪽이 대륙을 잊은
그 피투성이 미움의 밤들을 지나는데
어둠 보내거라
설움 보내거라
이 1만 5천킬로의 기상
얼마만이더냐

오늘도 간다
오늘도 간다

…중략…

유라시아
이 위대한 동과 서의 지평선
이 위대한 세계공간이야말로
그 시련과
그 지혜와 그 삶의 기나긴 서사야말로
우리들의 아리랑이 울려퍼지는
그 내일의 무대인 바
이것을 온몸으로 깨치는 머나먼 길로

오늘도 간다
오늘도 간다
내 온몸의 영광 다하여
바퀴살 굴려 굴려 또 굴려
유라시아의 존엄인 나로 오늘도 간다

– 1만 5천킬로의 길에 부친다 中

한편 한국 정부와 대기업들도 총력적으로 지원에 나섰다. 여러 대기업에서 차량과 물품, 식사 등을 제공해 주었고, 한국무역협회는 중국과 러시아에서 경제협력포럼을 개최하며 원정대의 의미를 경제적인 측면에서 극대화시키기도 했다.

무엇보다 가장 큰 지원군이자 큰 성과는 국민적 관심과 참여였

임진각부터 국회의사당까지 68km를 1만 명의 참가자가 함께 한 피날레 라이딩
(출처=조선닷컴)

다. 1만 명 시민이 함께 달린 '피날레 라이딩'은 우리 국민의 한반도 통일의 염원을 잘 결집시킨 행사라고 생각한다. 안찬일 세계북한연구센터 소장, 김흥광 NK지식인연대 대표와 같은 탈북 인사들뿐만 아니라 개성공단에 입주한 기업인들, 그리고 어린 중고등학생들까지 함께 동참함으로써 온 국민의 통일 염원을 일깨워준 이 날 행사는 우리 한국인들로 하여금 멀지 않은 장래에 한반도 통일과 한민족 통합의 길, 남북한의 소통과 화합을 이끄는 대동맥으로서의 새 길이 열릴 것이란 확신을 심어준 '새로운 시작의 출발점'이 되었다고 믿어진다.

그러나 아쉬운 점도 적지 않다. 뉴라시아 원정대의 주최기관이며 96일간의 대장정을 동행 취재했던 조선일보 취재팀은 사설(2014년 11월 17일 자)에서 이번 대장정은 '통일로 가는 역사의 큰길을 열었다'고 자평하면서도 끝내 통과하지 못했던 북한 땅에 대한 아쉬움을 이렇게 표현했다.

"원정대가 첫 페달을 밟은 베를린 브란덴부르크문은 독일이 45년 분단을 통일로 승화시킨 역사적 현장이다. 마지막 주행(走行) 구간의 출발점인 판문점 임진각은 70년 가까이 분단국으로 남아 있는 남북한의 긴장을 상징하는 곳이다. 원정대는 평양과 개성을 거쳐 서울로 달려오기를 간절히 바랐으나 이번엔 이루지 못했다. 중국 단둥(丹東)에서 옌벤 투먼(圖們)까지 압록강 · 두만강 따라 눈앞의 북녘땅을 바라보기만 하며 자전거를 타야 했다. 북한에 못 들어가는 아픔이 통일의 꿈을 더 간절하게 했다. 유라시아 대륙 9개 나라를 다 갔는데 왜 우리는 같은 핏줄의 땅, 똑같은 산하(山河)에서 자전거 바퀴를 굴리지 못하는가."

그러나 우리에겐 새로운 미래의 꿈이 있다. 그것은 바로 다음 세대를 이어가는 젊은 청년들의 기개와 꿈이 죽지 않고 살아 있음을 깨닫게 되었다는 점이다. 다음과 같은 원정대 동행 취재 기자의 고백이 이를 생생히 증언한다.

이번 원정대에 가장 어린 나이로 참여한 최병화(23) 대원은 "바람에 맞서 까마득한 언덕을 오르며 '고난 없는 성취는 없다'는 말을 생각했다"고 했다. 그렇다. 우리가 통일로 가는 길에는 수많은 고난과 장애물이 있을 것이다. 무엇보다 통일에 대한 무관심부터 버려야 한다. 통일 비용(費用)에 대한 필요 이상의 걱정도 떨쳐야 한다. 분단으로 우리가 잃고 있는 것들이 통일을 위해 치러야 할 대가보다 훨씬 크다는 것을 깨달아야 한다. 이 점을 우리 모두가 인식하면서 젊은 청년들이 우리 시대의 역사성에 흔쾌히 동참할 수 있도록 이끌어주어야 할 것이다."

이처럼 '뉴라시아 로드'를 횡단한 원정대의 힘찬 발걸음은 우리 시대의 새로운 이정표–'통일이 미래다'를 실현하는 세계적인 도전의 첫걸음이었다고 하지 않을 수 없다. 즉, 유라시아 대륙에 살고 있는 모든 시민에게 한반도 분단역사의 고통을 알리고 이를 극복하기 위한 국민적 열망과 세계평화협력의 필요성을 전파함으로써 한반도 통일시대를 앞당기는 위대한 도전의 길이 되었다는 점에서 아무리 칭찬해도 지나치지 않을 일이라 평가해 볼 수 있다.

그러나 이와 동시에 우리에게 남겨진 가장 큰 과제는, 상기에서 인용한 이광희 조선일보 편집국 부국장의 말처럼 앞으로 다음 세대에게 통일시대에 대한 꿈과 비전을 열어주는 것이 대한민국 기성세대들과 지도적 위치에 있는 분들이 해야 할 책무라는 점이다. 이를 결코 간과해서는 안된다는 게 우리 모두의 신성한 의무로 느껴진다.

통일고지에 이르는 성찰

김창호 대장은 12월 16일 통일간담회에서 '불가능에 대한 도전이야말로 인간이 추구할 수 있는 가장 가치 있는 행동이다'라는 그 자신의 철학을 극명하게 밝히면서 강연을 마무리하는 가운데 자신의 심경과 우의를 다음과 같이 이렇게 정리했다.

"산악인은 고통을 인내하는 예술인이라고 생각합니다. 처음에 조선일보사에서 '뉴라시아 원정대' 대장을 요청해 왔을 때 많이 두려웠지만 '뉴라시아(New-eurasia)로드'로 명명해서 통일로 가는 우리만의 길을 만드는 일이라면 탐험가의 길과 같다고 생각해 흔쾌히 수락했습니다. 베를린에서 서울까지 이어진 1만 5000㎞의 평화 대장정을 마친 후 11월 16일 1만여 명의 시민들과 함께 임진각부터 국회의사당까지 달리는 피날레 라이딩을 마지막 행사로 가진 그 날 저는 이 자리에서 죽어도 좋겠다는 심정이 들었습니다. 그만큼 감격적이었고, 한반도 통일에 대한 우리 한국인의 열망을 전 세계에 전하는 통쾌한 거사가 되었다는 자부심으로 온몸이 떨리는 감동을 느꼈습니다."

"어느 구간을 달리던 저희들 원정대가 가졌던 가장 큰 희망은 땅으로 땅으로 이어진 길을 중단없이 끝까지 달려 서울에 입성하는 것이었습니다. 그러나 이 사진에서 보시다시피 단동의 압록강 철교 앞에서 우리들이 페달 밟기를 멈추고 그 희망이 실현되

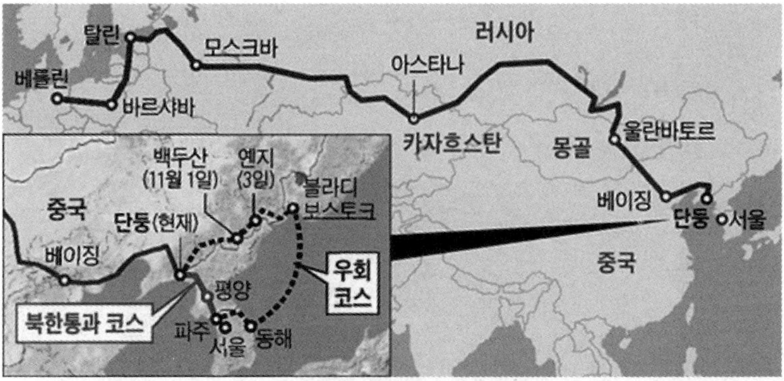

원 코리아 뉴라시아 자전거 평화 대장정 경로 (출처=조선닷컴)

지 못하는 것을 깨달았을 때의 좌절감은 이루 말로 표현할 수 없는 아픔이었고 지금도 큰 아쉬움으로 남아 있습니다. 그래서 저희들은 중국어로 붉은 동쪽의 땅, 단동(丹東)이 우리에게는 동쪽으로 가는 길이 끊어졌다는 의미의 단동(斷東)으로 느껴졌어요. 결국 신의주를 건너 한반도 땅으로 진입하지 못하고 저 멀리 블라디보스토크을 거쳐 동해안으로 귀국할 수밖에 없었습니다."

"중국을 달릴 때는 'ONE Korea'를 쓰지 말아 달라는 요청이 있어서 어쩔수 없이 'ONE'에서 'NE'를 지우고 'O Korea'라는 이름을 달고 달렸습니다. 참으로 마음이 아팠습니다. 이전부터 통일되면 금강산-마식령-개마고원을 거쳐서 백두산까지 걸어가고 싶었는데 이번 기회에 압록강을 거슬러 올라가 백두산까지 오르게 되었지만 정작 그 땅을 우리의 땅이라 부를 수 없는 현실이 너무나 안타까웠으며 또한 고구려의 옛 터전이 엄연히

2014 명사 초청 통일간담회에서 특강하는 김창호 대장

남아 있는데도 그곳이 현재 중국 땅이라는 사실이 너무나 억울하게 여겨졌습니다. 우리 대한민국이 빨리 강한 나라가 되어야 평화와 통일과 미래의 길이 열린다는 것을 다시 한번 깨닫는 소중한 기회가 되었습니다."

"어떤 산을 오르느냐는 각자 선택해야 하고, 또 산을 오르는 방법도 평평한 길, 가파른 길, 거친 길 등이 있어서 가는 길을 각자가 선택해야 하는데 이승률 회장님과 동북아공동체연구재단은 동북아 국제협력의 길을 통해 남북한 통일의 길을 찾아가는 우회론적인 접근 방법이지만 이 길이 오히려 더 지름길이고 시대를 가파르게 올라가는 길이 아닌가 하는 생각이 듭니다. 100일 동안 유라시아 저 넓은 세상을 열심히 달려온 뉴라시아 원정대의 기운을 몽땅 모아 동북아공동체연구재단이 가는 길에 한

마음으로 기(氣)를 보태 드리고 싶습니다."

필자는 김창호 대장의 특강이 끝난 다음 통일간담회를 주최한 대표의 입장에서 이렇게 화답했다.

"에베레스트의 정상을 정복하는 데는 장비, 셰르파 등도 물론 중요하지만 베이스캠프의 엘리베이션(Elevation)을 얼마나 높일 수 있느냐가 주요 전략이 된다는 말을 들었습니다.
근년에 8,848m의 고지를 오르기 위해 베이스캠프를 5,400m까지 높일 수 있었기 때문에 그만큼 정상을 정복하는데 수월해졌다는 경험담을 들은 적이 있습니다. 우리 동북아공동체연구재단뿐만 아니라 통일을 위해 일하는 정부, 기관, 개인 모두 통일을 위한 역량, 즉 베이스캠프의 입지 수준(Elevation)을 높여서 한민족의 숙원인 남북한 통일고지를 점령하는 데 획기적인 여건을 조성할 수 있게 되기를 소망합니다.
그런 차원에서 자전거 원정대가 독일에서 한반도까지 유라시아 대륙을 가로 지르며 사즉필생(死則必生) 정신의 모범을 보여주었다는 점에서 우리의 미래 고지를 점령하는 하나의 획기적인 모범사례였다고 믿어집니다. 그리고 또한 교육을 통해 차세대 통일 역군을 육성하는 평양과기대도 이러한 관점에서 미래지향적인 통일준비의 실제적인 대안이요 창조적인 출구전략이 된다고 생각합니다."

평양과기대의 산학협력 현황

당일 행사장에는 평양과기대 교수 요원으로 봉사하다가 겨울방학을 맞이하여 서울에 온 지 며칠 되지 않는 두 분의 손님들, 즉 평양과기대 농대학장 김필주 박사와 평양과기대 부속기관인 R&D센터(녹색지구연구원) 본부장 최세열 교수가 참석하여 최근의 학교 소식을 전해주었다.

김필주 박사의 인사말에 이어 지난 11월 19일 제1회 학부생 졸업식 정경을 동영상으로 시청하는 특별한 순서를 가졌다. 영상 가운데 교수들과 학생들이 석별의 정을 나누는 졸업식 뒤풀이 장면은 보는 사람들의 마음을 크게 감동시켰는데 특히 졸업생들이 모교 사랑을 눈물로 고백하는 장면은 이를 지켜보는 사람들에게 스승에 대한 존경심과 큰 울림으로 전해져왔다.

뒤이어 평양과기대 산학협력 사례 발표도 참석자들에게 큰 관심과 공감대를 불러일으켰다. 발표자로 나선 최세열 평양과기대 교수는 실리콘밸리 전자산업체 분야에서 35년간 종사하며 IT업체의 CEO를 지낸 미주 동포이다. 4년 전에 남북통일에 대한 꿈을 가지고 평양과기대 교수로 헌신하기 위해 북한으로 들어갔던 인물이다.

최세열 평양과학기술대학 R&D센터 본부장

최세열 교수는 북한의 인재를 육성

하는 것이야말로 미래지도자로서 조국 통일의 기둥을 세우는 일이며, 미래를 위한 확실한 투자라고 생각한다고 전제하면서, 현재 평양과기대에서 자원봉사하고 있는 한국 출신 동포 교수 30여 명과 외국인 교수 40여 명뿐만 아니라 국내외에서 후원하는 모든 분이 이런 점에서 한결같은 마음을 갖고 있다고 전했다. 그렇기 때문에 교육 사업을 하는 것이야말로 통일의 연착륙을 가능하게 하는 가장 실질적이고 체계적인 접근방법이라는 생각이 들어서 힘들지만 북한의 심장부인 평양에 들어가서 청년들을 가르치는 것이라고 자신의 소회를 밝혔다. 특히 최세열 교수는 북한 사회에 필요한 적정기술을 개발해 교육하고자 하는데, 앞으로 어떻게 북한 경제에 새로운 모델로 산학협력을 할 것인가 하는 대안을 고민하고 계시는 분이다.

2001년 남한(통일부)과 북한(교육성)이 함께 승인하여 설립한 평양과기대는 2009년 9월 16일 1단계 건물 준공식 및 개교행사를 한 후 2010년 10월 25일 개학한 이래 3년 반 동안 급속히 악화된 남북관계 속에서도 착실히 교학을 수행하여 지난 2014년 5월 21일 제1기 석사학위 졸업생 43명을 배출했고, 11월 19일에는 제1기 학부생 99명을 졸업시키는 큰 성과를 올렸다.

2014년 5월 현재 평양과기대는 학부생 500명, 대학원생 60명, 총 560명의 재학생이 전자컴퓨터공학부(ECE), 농생명학부(ALS), 국제금융학부(IFM) 3분야의 전공을 배우고 있다. 그동안 김진경 총장께서 대학운영을 총괄하고 있는 가운데 박찬모 명예총장을 위시한 70여 명의 외국인 교수가 4년 동안 학교 수업을 해오면서 많은 성과를 올리고 있는데, 2014년 132명의 졸업생이 그 첫 열매라고 할 수 있다.

이와 함께 평양과기대는 지속 가능한 성장 동력을 창출하고 궁극적으로 통일의 첨병을 양성하는 기관으로 발돋움하기 위한 차원에서 여러 가지 산학협력 사업을 계획하고 있는 가운데 대표적인 사례로 최세열 교수의 〈녹색지구연구원〉 프로젝트를 들 수 있다.

최세열 교수가 이 사업을 진행하면서 모델로 삼고 있는 것은 스탠퍼드대의 산학협력시스템이다. 스탠퍼드대는 4만 개 이상의 영리기업과 3만 개 이상의 비영리 기업이 산출된 학교로써 이 두 기업군의 총매출액이 3조 달러를 창출하고 있다. 이를 모델로 평양과기대에 지식산업복합단지를 마련하는 토대를 구축하고자 1단계 사업을 구상하고 있으며, 이것은 평양과기대를 졸업한 학생들이 독립적인 기업을 만들 수 있도록 돕는 리서치센터를 운영하는 계획이다.

구체적인 사업계획으로 현재 녹색마을운동을 기본으로 하여 신재생에너지, 친환경 솔라에너지 등을 개발하고 있다. 실례로 태양광을 이용해 휴대폰 충전과 야간 점등이 가능한 복합충전기를 생산하고 있으며 북한 내 연탄가스 중독으로 사망자가 빈번하게 발생함에 따라 이를 예방하기 위한 유독가스 감지기를 개발하기도 했다.

또한 북한의 전력 소외지역인 산간 농촌 마을에 태양과 풍력을 이용한 소규모 발전시설을 갖춘 저비용 친환경 농가를 건설하는 프로젝트를 추진 중인데, 이것은 지붕 위에 태양광 및 풍력발전기를 설치하여 가구의 전등과 TV, 선풍기 정도를 돌릴 수 있는 발전용량을 갖추도록 하겠다는 계획이다. 또한 연료 땔감용 벌목으로 훼손이 극심한 데 이런 산림 황폐화를 방지하기 위한 난방시스템을 개선하고, 보건위생을 위해 흙벽돌 구조로 주거환경을 개선하는 개량농가 건설도 추진하고 있다.

이와 더불어 평양과기대 농대학장인 김필주 박사(여, 79세)가 지난 25년 동안 황해북도 6개 협동농장을 대상으로 목화농장마을을 개발해 온 성공사례를 연결하여 자립형 시범농장을 개설할 꿈을 부풀리고 있다. 즉, 북한 농민에게 할당된 단위당 생산량 기준치를 상회하는 생산성을 유발하도록 지도하여 수확한 생산량의 상당 부분을 농민 자신이 소유, 소비하도록 지원함으로써 북한 농경사회에 시장경제의 틀이 작동하게 하는 한편, 지역사회 및 개별 농가에서 자립형 자산기반이 구축되도록 하겠다는 생각이다. 이를 위해 우선 3개 마을을 대상으로 시범지구조성계획을 추진하고 있는데, 이러한 녹색마을운동을 기초로 하여 농촌개량사업을 성공적으로 안착시켜 통일 모범부락으로 육성하겠다는 것이 일차적인 목표이다.

이런 점에서 볼 때 평양과기대 부속 녹색지구연구원은 평양과기대 학생들뿐만 아니라 지역사회와의 연계를 통해 북한 주민들에게 새로운 생산 및 소비시스템을 전수하는 녹색산업의 통로이자 실질적인 창업의 보금자리로 자리매김하고 있다고 평가할 수 있다.

한편, 김필주, 최세열 박사처럼 평양과기대 산학협력 부문을 통해 북한 지역사회 발전을 위해 헌신하는 분도 있지만 김진경 평양과기대 총장을 도와 평양과기대 설립부터 지금까지 교학 부문을 총괄하고 계시는 박찬모 명예총장의 활약 또한 대단하다. 포항공대 총장, 대통령실 과학기술특별보좌관, 한국연구재단 이사장 등을 역임하신 박찬모 명예총장은 미국 시민권자로 다년간 평양에 체류하며 80세 노구를 무릅쓰고 현재도 인재 양성에 혼신의 힘을 기울이고 있다. 필자는 '내가 이 분을 도울 길이 무엇이 있겠는가' 생각하다가 최근 겨울방학을 맞아 잠깐 귀국한 박찬모 총장을 매일경제 김세형 주필에게 부탁하여 특별인터뷰를 하도록 조치했다.

매일경제 12월 16일 인터뷰를 통해 박찬모 총장은 평양과기대학사 현황과 함께 최근의 북한 소식을 상세히 전했는데, 다음은 1면 톱기사로 나온 박찬모 총장의 인터뷰 기사 중 주요 부분을 발췌한 것이다.

> 박찬모 총장은 또 평양과기대가 북한 젊은이들과 세계를 이어주는 학문적 가교 기능을 톡톡히 하고 있다고 말했다. 특히 한·미에 비해 유럽 쪽에서 평양과기대 우수 학생들에 대한 유학 문호를 넓히고 있다고 소개했다. 내년에 석사과정 5명, 박사과정 7명이 '에라스무스 재단'의 장학금을 받고 영국, 독일, 프랑스, 스위스 등으로 진학할 예정이라는 것이다.
>
> 박 총장은 "에볼라 사태 때문에 영국문화원에서 주관하는 국제영어능력시험(IELTS) 응시가 힘들었는데 영국 쪽에서 힘을 써줘서 평양과기대 학생 16명이 모두 시험에 응시할 수 있었다"며 "16명 전원이 시험에 합격했는데, 장학금이 약속된 12명 외에 4명도 어떻게든 장학금을 만들어서 유학을 보낼 것"이

라고 의지를 보였다.

북한도 평양과기대가 이룬 성과를 인정해 국가에서만 주관하는 학위 취득 시험을 평양과기대에서 자체적으로 실시할 수 있도록 했다. 북한 당국이 평양과기대에서 북측 총장을 역임한 허광일 박사를 교육위원회 고등교육 담당 부상으로 임명하고 과기대 대외사업부장도 교육위원회로 데려갔다고 박 총장은 전했다. 향후 평양과기대 성공모델이 북한 내 다른 대학에도 전파될 수 있는 가능성을 기대할 수 있는 대목이다.[3]

덧붙여 박찬모 총장은 김정은 체제의 북한 모습을 전하고 있는데, 가장 주목할 부분은 김정은 제1비서 집권 3년 동안 체제 안착을 위해 애쓰는 한편 경제 회생을 위해 과학기술 발전, 특히 정보통신기술(ICT)분야 기술 개발에 상당한 공을 들이고 있다는 점이다. 특히 글로벌 시장에서 부상하고 있는 '페이팔(Paypal)' 같은 전자결제 시스템에 높은 관심을 보이고 있으며 자체 개발한 태블릿 PC인 '룡흥'으로 수업하는 소학교, 중학교의 모습도 볼 수 있다고 전했다.

박찬모 평양과학기술대학 명예총장

3 "北 김정은체제 3년 / 박찬모 평양과기대 명예총장 단독인터뷰" 「매일경제」 2014년 12월 15일

평양과학기술대학 캠퍼스 및 과외 활동 모습

또한 기존에 인터넷을 쓸 수 있었던 평양과기대 외에도 김일성종합대학이나 김책공대에서도 학내 인터넷 환경을 구축하는 작업을 마쳤다는 소식을 김일성대학 관계자로부터 들었다고 전했다.

또한 김정은 체제 이후 가장 달라진 평양 풍경이 무엇이냐는 기자의 질문에 박 총장은 주저하지 않고 눈에 띄게 부쩍 늘어난 거리의 택시와 여성들 옷차림이라고 밝히고 있다. 또한 북한 내 휴대전화가 300만 대 이상 보급되었다고 추정할 정도로 빠르게 확산되고 있으며, 외국인에 대한 인식도 상당히 호의적으로 변했다고 설명하고 있다. 이것은 '회색빛 미래'로 인지되어 왔던 북한의 젊은이들이 상당 수준 자유로운 태도와 활기를 띠고 있으며 김일성, 김정일 시대에 비교하여 폐쇄적이던 사회가 개방형 사회로 점차 변화되고 있음을 보여주는 방증이라고 말했다.

사랑으로 - '하늘포도원'에서의 합창

뉴라시아 자전거 원정대와 평양과기대 산학협력 사업은 전혀 다른 두 가지의 활동이지만 한반도 통일의 숙제를 푸는 마중물과 같은 역할을 보여주고 있다는 점에서 크게 닮아있다. 아무도 가보지 않은 길이라 위험하고 힘들지만 그 고통과 리스크를 딛고 한반도의 새로운 미래를 여는 길목에서 몸으로 직접 맞대고 부딪히며 통일의 밑거름을 뿌리고 있는 셈이다.

뉴라시아 원정대가 보여준 것은 '인간의 한계 상황에 대한 도전이요 그 가능성의 발현'이라고 정의하고 싶다. 단순히 페달을 밟아 미지(未知)의 길을 개척한 것이 아니라 유라시아의 고원에 새 길을 내며 남북한 통일의 씨앗을 뿌린 대장정이었기에 그 의미를 아무리 칭찬해도 지나치지 않을 것이다. 원정길에서 가진 수많은 인터뷰, 세미나와 단합대회가 바로 그 증거가 아닌가?

돌이켜보면, 원정대를 지원하기 위해 동행한 차량에는 한반도를 포함한 세계 평화를 기원하는 글이 세계의 언어로 도배되었고, 원정대를 취재하는 등 방송을 통해 한반도 통일의 의미가 집중 조명받기도 하였으며, 원정길에 펼쳐진 환영과 격려의 행사들 그리고 원정대의 행렬을 따라 함께 달리고 박수갈채를 보내며 반겨준 현지 시민들의 반응은 한반도 통일에 대한 세계인들의 응원 메시지로 들린다. 이것은 마지막 남은 분단의 땅인 한반도의 평화를 세계 시민들에게 상기시키고 국제사회의 관심을 불러일으킨 통일의 외교사절단 역할을 톡톡히 한 결과로 평가할만하다.

그러나 이보다 더, 누구보다도 더 강렬한 통일의 메시지가 전해진 사람들은 원정길에서 만난 교민과 한인 동포들이다. 이번 원정대는 그들에게 '한민족 통일의 희망과 평화통일을 향한 마음의 불씨'를 다시 지핀 통일 구국의 전령사였다. 현지에서 만난 동포들과 함께 '우리의 소원은 통일', '아리랑'을 부르며 한반도 통일의 염원과 한민족 통합을 일깨운 그 감동적인 장면을 어찌 잊을 수 있겠는가? 무엇보다 1만 명의 시민과 어우러져 달린 '파이널 라이딩'을 통해 "통일이 달려왔다"고 외치며 우리 국민들이 갖고 있는 두 가지 태도, 즉 통일에 대한 무관심과 과도한 걱정을 동시에 극복하고 통일에 대한 새

손에 손잡고 '사랑으로'를 합창하는 회원들

로운 기대와 꿈을 갖게 한 '우리 시대의 최고의 희망'을 상징하는 한 편의 웅위한 드라마였다고 해도 과언이 아닐 것이다.

한 마디로 말해, 통일 한국의 꿈을 싣고 달린 원정대의 발걸음은 우리들뿐만 아니라 국제사회로부터 '우정 있는 설복'으로 인식되어 21세기 세계평화를 위한 신사고(新思考) 국제협력을 이끌어 갈 프로젝트로 발전할 것임에 틀림없다. 이러한 '함께하는 정신으로서의 울림'의 공명현상을 이끌어준 원정대에게 무한한 감사의 인사를 올리고 싶다. 또한 그 선봉에 우뚝 서 있는 김창호 대장에 대한 존중과 감사의 뜻은 더 이상 말해 무엇하랴.

이러한 존중과 감사의 뜻을 마음에 새기며 우리는 한마음으로 합창했다. 12월 16일 동북아공동체연구재단이 주최하고 참포도나무병원이 후원한 '2014 명사 초청 통일간담회 및 송년모임'은 장대성

전 강릉영동대 총장 내외의 색소폰 연주에 따라 손에 손을 잡고 큰 원을 그리며, 해바라기가 노래한 '사랑으로'를 합창하는 것으로 마지막 순서를 장식했다.

23년 전 중국 연변조선족사회의 후진 양성을 위해 세웠던 연변과학기술대학(개교 1992. 9. 16) 교내에서는 우리들 외국인들도 찬송가를 부를 수 없기 때문에 제2의 교가처럼 애창했던 노래가 바로 '사랑으로'이다.

> 내가 살아가는 동안에
>
> 할 일이 또 하나 있지
>
> 바람 부는 벌판에 서 있어도
>
> 나는 외롭지 않아
>
> 그러나 솔잎 하나 떨어지면
>
> 눈물따라 흐르고
>
> 우리 타는 가슴 가슴마다
>
> 햇살은 다시 떠오르네
>
> 아아 영원히 변치 않을
>
> 우리들의 사랑으로
>
> 어두운 곳에 손을 내밀어 밝혀 주리라

일제 강점기 독립운동의 최대 교두보 지역이었던 만주 간도 땅 – "선구자의 땅"이라 불러 마땅한 연변조선족자치주 연길시 북산가 언덕 위에 한국 기독인들이 성금을 모아 세운 대학이 연변과학기술대학(YUST)이다. 공동묘지 '죽음의 땅'을 꿈과 비전의 산실인 '생명의 땅'으로 변화시킨 역사가 바로 연변과기대의 역사라 해도 과언이 아닌 이곳, 연길시 북산가 언덕 위에서 일본 제국주의와 동서 냉전시대의 피해자로 남아있었던 조선족 청년들을 끌어안고 그들의 가슴 속에 새로운 시대의 희망과 가능성을 일깨워주며 헌신했던 젊은 기독교수들의 삶의 모습이 바로 '사랑으로' 노래의 의미 그 자체였다.

그런 '인도주의적 사랑'의 흐름이 두만강과 압록강을 넘어 평양땅에 이르러 꽃을 피운 것이 곧 평양과학기술대학(PUST)이다. 중국공산사회주의 체제에서 성공한 사립형 국제대학인 연변과기대를 모델로 세운 평양과기대야말로 북한 청년들에게 새로운 시대의 소망과 능력을 갖추게 하는 국제화 인재 양성의 산실이 될 것이다. 이를 증폭해서 다시 한번 말하건대 평양과기대는 통일시대를 준비하는 길목에서 북한의 경제 개선과 국제화에 이바지할 인력을 육성할 뿐만 아니라 북한의 미래상과 사회통념을 변화시키는 창조적인 새 역사의 물꼬를 트는 창구가 될 것임에 틀림없다.

그 '사랑으로'의 헌신과 나눔의 정신이 뉴라시아 자전거 원정대의 기상과 더불어 12월 16일 통일간담회에 참여한 모든 회원들의 마음속에, 함께 잡은 손과 손의 핏줄을 통해 '은혜의 강물'처럼 뜨겁게 흘러들었다. 올해 들어 가장 추운 날씨 속에서도 참포도나무병원 루프가든 '하늘포도원'에 모인 일단의 꿈꾸는 사람들, 즉 한반도 통일과 동북아공동체의 융복합적인 결합을 지향하는 '미래창조지식인'들은 한결같이 우리 시대에서 가장 힘들고 어려운 일이지만 반드시 이루어 내야 할 역사적 과제를 품에 안고 한마음으로 뜨겁게 '사랑으로'를 합창했다. 통일시대의 길목을 뚫는 참으로 아름답고 진실된 구국의 부르짖음이 그 노래 속에 진홍핏빛처럼 배어 있었다.

사랑의 하나님!
이 마음을 지키게 도와주십시오.
갈등과 반목의 시대를 넘어, 협력과 상생의 새 시대로 나아가도록 모든 한국인의 가슴속에 우리를 하나 되게 하시는 하나님의 사랑이 물이 바다를 덮음같이 넘치게 임하기를 소원합니다.
반성과 화해를 통해, 회개와 용서를 통해, 진정한 평화와 통일의 새 시대가 열릴 수 있도록 우리 한반도의 남북한을 민족사랑의 한마당으로 소통시켜 주옵소서.
그리하여 마침내, 우리가 불렀던 '사랑으로'의 가사와 같이 우리 타는 가슴 가슴마다 햇살이 다시 떠오르고, 어둠이 걷힌 자리에 희망과 부흥의 불꽃이 타오르며, 고지를 향해 나아가는 그 도전의 길 위에 하나님의 영광이 시온의 대로처럼 열리게 하옵소서.
이 꿈과 비전을 한데 모아 내년에 맞이할 광복 70주년의 기회를 남북이 하나 되는 통일시대의 원년으로 삼게 해 주시고, 분단 70년의 상흔을 뛰어넘어 '통일천년의 새 역사'를 시작하는 거룩한 회복의 출구가 열리게 해 주옵소서.
마침내 한몸이 된 한반도가 동북아경제공동체의 터전이 되게 하시고, 나아가 유라시아 대륙을 하나의 거대통합시장으로 발전시키는 기초가 되게 해 주옵소서.
사랑의 하나님!

이 믿음과 소망이 위대한 '사랑으로' 승화되게 해 주옵소서.

이런 기도가 저절로 내 마음속에 용암처럼 흘러넘쳤다. 올해 초 정동진에 갔을 때 작은 시골교회 목사님의 말씀을 통해 들려주셨던 하나님의 음성이 떠올랐다.

'서로 사랑하라'

이 계명이 한반도 통일시대를 이끌어가는 시대정신의 표상이 되기를 간절히 소원해본다.

2014. 12. 30.

부록

연변과학기술대학(YUST)
평양과학기술대학(PUST)
동북아공동체연구재단(NACSI)

연변과학기술대학

(Yanbian University of Science & Technology · YUST)

연변과학기술대학 전경

연변과학기술대학(길림성 연길시 조양가)은 중국에 거주하는 우리 민족(조선족) 젊은이들이 중국 내 동포사회의 번영과 발전에 이바지할 수 있도록 그 기초인력을 양성하는 데 목표를 두고 설립되었다. 한·중수교(1992년 8월 24일)가 있었던 해 9월 16일 개교했으므로 이 대학은 한·중협력의 교육부문 아이콘으로 자리 잡게 되었으며, 중국 내 유일한 사립대학으로 면모를 갖추면서 선진과학기술과 국제경영 및 외국어 교육, 인성 교육 등에 치중한 결과로 21세기 동북아시대의 변화와 혁신을 이끌어 가는 국제화 인재 양성 기관으로 명성을 얻고 있다.

연 혁

1989. 중국 연변조선족기술대학 설립합동서 체결

대학설립추진위원회 및 후원회 조직(이사장 곽선희)

1991. 중국 길림성 정부 국가교육위원회 대학 설립 허가

사단법인 중국연변조선족기술대학후원회 한국 외무부 인가

1992. 연변과학기술대학 교명 개칭(총장 김진경)

연변과학기술대학 부설 산업기술훈련학교 개교

1993. 연변과학기술대학 본과(4년제) 및 전과(2년제) 정식 개교

동아기술훈련원 개원

1997. 연변금호연건개발유한공사 준공
　　　연변한국학교 개교
1999. 사단법인 동북아교육문화협력재단 한국 외교부 인가
2001. 제1회 YUST 국제심포지엄 개최
2005. 사단법인 국제교육문화재단 법인 분류(이사장 오정현)
2011. 연변과기대 간호대학 설립 10주년 기념식
2012. 연변과기대 개교 20주년 기념식
2014. 연변과기대 18회 졸업식, 23회 입학식
2015. 재외동포재단 주최 재중청년 차세대 IT 연수사업 매년 2기 시행
　　　조선족 및 한족 한글백일장대회 매년 개최
　　　YUST 국제심포지엄 격년 개최
　　　교환학생 교류 매년 46개 대학 200여 명
　　　자매결연대학 연구소 매년 240개 기관 학술 교류

운영 및 교학 현황

본관동 앞 소나무 가로수

'동북아 만리장성'으로 불리는 건물 간 연결루

연변과기대는 현재 8개 학부, 14개 학과, 37개 연구소를 개설 운영하고 있다. 세계 13개국 250여 명의 교직원과 한국을 비롯한 미국, 유럽 등 13개국의 수많은 후원자의 헌신적인 지원으로 운영되고 있다.

이러한 지원에 힘입어 연변과기대는 비약적 발전을 거듭, 2001년에는 중국 내 2,400개 대학 중 북경대, 청화대와 함께 중국 내 100대 중점대학(일류대학)으로 선정되었다.

2012년 9월 개교 20주년을 맞은 연변과기

대는 그간 본과 5,500여 명과 사회교육원 등 기타 부속과정을 포함하여 모두 2만2천 명의 졸업생을 배출했고, 1,800여 명이 중국 및 세계적인 인재로 성장해 나가기 위해 학업에 정진하고 있다.

1) 학부 소개

김진경 연변과기대 총장과 학생들

컴퓨터전자통신공학부(전자통신학과/계산기과학기술학과)

상경학부(국제무역학과/경영정보학과/마케팅학과)

생물화공학부(생물공정학과/화학공정학과)

재료기계자동화공학부(재료기계자동화공학과)

수업 전경

건축예술학부(공업디자인학과/건축학과)

서양어학부(영어학과/독일어학과)

동양어학부(한국어학과)

간호학부(간호학과)

졸업식

2) 연변과기대 부속기관

최고경영자과정

(CEO Management Program)

사회교육원(Continuing Education Center)

IT교육원(IT Training Center)

인력개발원(Human Resources Development Center)

국제학교(YIA, Yanbian International Academy)

연변한국국제학교(Korean International School in Yanbian)

부속기관

특 색

- **세계화의 발판**
  - 중국어, 영어, 한국어 3개 국어 공용언어 사용
- **정직한 캠퍼스**
  - 무감독 시험 시행 등 정직한 대학 만들기 운동(Campus Integrity Movement)
- **학생 40%가 장학 혜택**
  - "배움에 목마른 자는 누구든지 와서 배워라." 장학 이념을 가지고 80여 종의 각종 장학금 매년 지급
- **100% 취업 지향, 20% 유학**
  - 본교가 배출한 5천 여 명의 졸업생들은 중국기업뿐만 아니라 중국에 진출한 외국기업이나 한국합작회사에 진출해 탁월한 능력을 갖춘 정직한 직원으로 인정받고 있으며, 졸업생의 20%는 외국에 유학
- **의무적인 기숙사 생활**
  - 공동체 정신을 고양, 규율 있는 삶 학습
- **산학협동의 모형 창출**

사랑주의(Loveism), 비전선언문

평양과학기술대학

(Pyongyang University of Science & Technology · PUST)

평양과학기술대학 전경

평양과학기술대학(평양시 락랑구역 승리동)은 우리 민족의 화해와 협력을 도모하고 남북의 상호번영과 북한사회의 국제화를 도모하기 위해 건립되었다. 남북정부 간 합의하에 국제사립대학 형태로 승인된 이 대학은 2009년 9월 16일 개교, 2010년 10월 25일 개학 이래 창의성, 국제성, 실용성의 교육 철학과 봉사정신으로 신세대 인재들을 양육하는 데 심혈을 기울여 왔다.

특히 북한의 과학기술 발전과 경제 개발에 필요한 교과목뿐만 아니라 한반도 통일시대에 적합한 중견 간부들을 배양한다는 목표로 교육해 온 결과, 최근 남북간 긴장이 계속되고 있음에도 불구하고 민족화해와 세계평화에 기여하는 통로 역할을 감당하고 있다는 평가를 얻고 있다.

연 혁

2001. 05. 02. 대학 건립 기본계약서 체결

06. 05. 통일부 협력사업자 및 협력사업 승인

09. 11. 대학 건축 설계용역 계약(정림건축)

2002. 06. 12. 대학 건축 착공식

2008. 12. 평양과기대 17개 동 완공

2009. 09. 16. 평양과기대 1단계 건물준공식, 공동운영총장 임명(설립자 겸 공동운영총장 김진경) 및 개교

평양과기대 준공 및 공동운영총장 임명식 (2009.9.16)

평양과기대 의학부 건물 착공식(2014.5.21)

2010. 10. 25. 학부 및 대학원 개학

2011. 10. 04. 제1차 세계평화를 위한 국제과학기술학술회의 개최

2013. 10. 08. 제2차 세계평화를 위한 국제과학기술학술회의 개최

2014. 05. 21. 의학부 건물 착공식

05. 21. 제1회 대학원 졸업식

11. 19. 제1회 학부 졸업식

운영 및 교학 현황

평양과기대는 컴퓨터전자공과대학(ECE), 국제금융경영대학(IFM), 농생명식품공과대학(ALS) 3개 학부과정과 박사원(대학원) 과정을 개설하여 운영하고 있다. 2014년 5월 종합의학대학원(MS) 설립착공식을 했으며, 향후 과제로 건설에너지공학대학을 개설할 계획을 세우고 있어서 장차 종합대학으로서의 면모를 갖추어 나갈 전망이다.

2010년 10월 25일 학부 100명, 대학원 70명 모두 170명의 학생을 대상으로 첫 학기 수업을 시작했고, 개교 5년째인 현재 매년 500명의 학부 및 대학원생을 대상으로 매 학기 10여 개국에서 파견된 100여 명의 교수가 국제화 교육을 이끌고 있다. 2014년 대학원생 44명, 학부생 99명 총 143명의 1차 졸업생을 배출했다. 한국을 비롯한 미국, 유럽 등 세계 각지의 수많은 후원자의 헌신적인 지원으로 운영되고 있다.

평양과기대 강의 및 자율학습 모습

1) 학부 및 대학원 과정 소개

컴퓨터전자공과대학(ECE)

국제금융경영대학(IFM)

농생명식품공과대학(ALS)

종합의학대학원(CMS, 설립인가)

※의과, 치과, 약학, 보건(3년제 대학원), 간호(4년제 학부)

건설에너지공학대학(AEC, 예정)

활동 사항

- **학부 및 대학원 첫 졸업생 배출**
  - 2014년 5월 44명의 석사학위 졸업생 배출

    ※컴퓨터전자공학부 31명, 농생명공학부 8명, 국제금융경영학부 5명
  - 2014년 11월 99명의 학사학위 졸업생을 배출

    ※컴퓨터전자공학부 52명, 농생명공학부 20명, 국제금융경영학부 27명

평양과기대 제1회 학부 및 대학원 졸업식

- **의학부 개설 및 의학부동 건립을 위한 착공식(2014년 5월 21일)**
  - 북한의 의료 기술과 의료 시설의 현대화 및 국제화를 도모하여 북한동포의 건강 증진 및 의료 환경 개선 지원
  - 의과대학, 약학대학, 치과대학, 보건대학(3년제 대학원), 간호대학(4년제 학부) 5개 대학, 학부 20명, 대학원 130명 규모 계획
  - 해외동포 전문의료진 등 미국 의과대학 및 의료협회, 국내외 의사협회, 간호협회 등 참여 계획('세계간호사협회' 공동 참여)
  - 2014년 가을 치과대학, 보건대학 의료실무교육 진행
- **해외유학생 및 연수생 파견**
  - 2012년부터 영국 웨스트민스터대학, 캠브리지대학, 스웨덴 웁살라대학, 중국 하얼빈 동북림업대학 등 국제대학들에 총 84명의 유학생 및 전문분야 연수생 파견으로 국제간 학술교류 및 공동연구 참여

평양과기대 체육행사

- **국제학술회의 개최**
  - 2011년 10월 4일 제1차 국제학술회의 개최, 2013년 10월 8일 제2차 국제학술회의 개최

평양과기대 국제학술회의

- 북한 주재 스웨덴, 독일, 영국 등 6개국 대사와 800여 명의 국제적 석학, 북한 교수 및 학생들이 참여하여 연구협력사업을 통한 북한의 국제 간 산업기술 교류협력의 환경 조성 역할

• **학술교류협정 체결**

- 한국(포항공대, 고려대, 한양대), 미국(Concordia University), 유럽 등 24개 대학
- 국내외 기업 간 산학연 학술교류 협의 중

• **산학협동의 모형 창출**

- 평양과기대 농생명실험개발연구원(원장 김필주) 북한 농장 지원사업 : 황해도 내 4개 농장을 임대하여 선진 영농기술 현지 전수
- 평양과기대 녹색성장산업 R&D센터(센터장 최세열) 녹색지구연구원(GPI) 창업지원 프로젝트 : 북한 내 신재생에너지와 친환경 농가건설을 지원하는 녹색마을운동 전개

동북아공동체연구재단

(The Northeast Asian Community Studies Institute · NACSI)

2007년 9월 창립한 동북아공동체연구재단은 연변과기대(YUST)와 평양과기대(PUST)의 외곽 싱크탱크 역할을 하면서 남북한 경제교류협력의 실질적인 진전과 한반도 평화통일에 이바지함과 동시에 동북아 국가 간의 공동체 환경을 조성하기 위해 출범하였다. 남북경제공동체 또는 동북아경제공동체 조성을 위한 국제협력 방안을 연구하고, 정책 대안 개발, 자문 및 용역 등의 활동을 수행하는 한편, 각종 학술대회 및 전문가포럼을 진행해 옴으로써 21세기 동북아시대의 새로운 역사 발전의 지평을 열어가는 일에 앞장서고 있다.

연혁

2007. 09. 18. 동북아공동체연구회 창립

11. 01. 동북아공동체연구회 사단법인 설립허가(주무관청 : 통일부 남북경제협력본부 남북경협총괄팀)

2012. 02. 01. 부설 동아시아국제전략연구소 개소

04. 05. 부설 디딤터 출판사 설립

08. 24. 부설 국제의료봉사단 발족

09. 25. 연구총서 1집 『제3의 지평』 출간

2013. 06. 07. (사)동북아공동체연구재단으로 단체명 변경

09. 27. 부설 한반도통일경제연구소 개소

2014. 04. 30. 연구총서 2집 『동아시아 영토분쟁과 국제협력』 출간

2015. 01. 20. 부설 한반도통일의료연구소 개소

부설기관 사업

- **동아시아국제전략연구소(IISEA)** : 동아시아로 지평을 넓혀 한반도 이슈에 대해 외교와 안보를 융합한 국제전략 연구
- **한반도통일경제연구소(ERIK)** : 한반도 통일을 대비한 통일경제 연구와 북한 인력개발 활용방안 연구
- **한반도통일의료연구소(KRMI)** : 한반도 통일의료를 위한 사업 전개 및 인력 양성 개발 연구
- **국제의료봉사단(CCM)** : 참포도나무병원과 협약하여 탈북민 의료 지원 및 동북아지역 소수민족의 건강관리를 위한 나눔 돌봄 사역 진행
- **도서출판 디딤터** : 연구 산물 발간 사업

주요 연구 및 사업실적

1. 학술연구 활동

동북아 경제, 교육, 문화, 역사, 평화 전략에 관한 연구 및 용역 사업을 수행하고 정책자문 등 제도적 협력 방안을 연구

가. **국내외 학술회의** – 상반기 국내 학술회의(동북아미래포럼), 하반기 국제 학술회의, 연간 2회 이상 진행

나. **경제, 외교 · 안보 등 분야별 전문가 포럼** – 분야별 격월 진행

다. **학술연구 용역활동** – 통일부, 동북아역사재단, 경제인문사회연구회 등에서 발주한 협력 연구사업 진행

국제학술회의 및 전문가포럼

라. 연구 산물 발표 - 모든 포럼, 세미나, 토론회 등 연구 산물을 온·오프라인으로 발간, 정책보고서 작성, 연구재단 총서 발행

2. 대외협력 업무

남북한 및 주변 국가와의 관계 개선을 위한 동북아 국가 간의 인적교류, 기술 및 문화 교류, 차세대 교육과 학술 발전을 위한 제반 활동 수행

가. 연변과학기술대학

- 중소기업중앙회, 필립소프트 등 국내외 유수 기관과 산학협력을 위한 교량 역할
- 교수 요원 추천(2014년 동북아지역경제학과 강의 지원)
- 후원 모집 등 대외협력 업무 지원

나. 평양과학기술대학

- 평양과기대 건립 기획 및 건설 사업 지원
- 의과대학 설립을 위한 시설, 기자재 인력 추천 등 제반 사업 지원

워크숍, 문화행사 및 동북아국제협력상 시상식

- 교수 요원 추천 및 대외협력 업무 지원

3. 대국민 평화통일의식 함양을 위한 공익활동

교육활동, 문화사업, 학술자료 발간 등을 통해 국민의 건전한 통일의식을 제고하고 평화통일 기반을 구축

가. 한반도 통일의식 고취를 위한 워크숍(매년 1회 이상)

나. 남북 또는 동북아 국가 간 문화교류를 위한 문화행사(매년 1회 이상)

다. 동북아국제협력상 시상식 거행(매년 1회)

라. 뉴스레터 발행(한반도, 동북아지역 정세 변화의 핵심 사항을 발췌하여 종합평론하는 온라인 소식지, 연 50회 이상)

마. 이사장 및 연구소장 대외활동(초청 세미나 논문 발표, 방송 인터뷰 및 칼럼 기고, 특강 및 저술활동)

4. 대북지원 사업

북한 주민들의 식생활 및 영양 개선을 목적으로 국제농업개발원과 공동사업으로 추진하여 '사랑의 채소 씨앗' 지원(총 5차, 평균 2억 원 상당의 채소 종자 지원)

북한 채소 종자 '사랑의 씨앗' 지원 사업